SERIE:
EL JOVEN
Y SUS
INQUIETUDES

El

Winkie
Pratney

Joven

Y SU MUNDO

SERIE:
EL JOVEN
Y SUS
INQUIETUDES

**Winkie
Pratney**

El
Joven
Y SU MUNDO

Versión castellana:
M. Francisco Liévano R.

©1982 por Editorial Betania
824 Calle 13 S.O., Caparra Terrace
Puerto Rico 00921

Publicado originalmente en inglés bajo el título de
A HANDBOOK FOR FOLLOWERS OF JESUS
Copyright ©1977 por Bethany House Publishers
Minneapolis, Minnesota 55438

ISBN 0-88113-164-4

Las citas bíblicas que se usan en este libro fueron
tomadas de la Versión Reina-Valera, revisión de 1960.

ACERCA DEL AUTOR

WINKIE PRATNEY es un conferenciante y escritor que viaja ampliamente por todo el mundo. Expone las verdades de la Escritura y los postulados de Cristo en muchos seminarios, conferencias y auditorios universitarios. Antes había escrito dos libros: *Youth Aflame* (Juventud con una misión) y *Doorways to Discipleship* (Entradas al discipulado).

El y su esposa viven en Lindale, Texas, Estados Unidos de América, donde está el centro principal de la organización AGAPE FORCE, que se dedica a llevar el evangelio a las calles en todos los Estados Unidos de América.

La preparación académica del señor Pratney en química orgánica, y su experiencia anterior a la conversión en la cultura juvenil musical se combinan para hacer que él resulte particularmente eficaz en su mensaje a la juventud.

INDICE

El
Winkie Pratney
Joven
Y SU MUNDO

1

LO QUE DIOS DICE ACERCA DE TU HOGAR

"Honra a tu padre y a tu madre, para que tus días se alarguen . . . y para que te vaya bien sobre la tierra que Jehová tu Dios te da" (Exodo 20:12; Deuteronomio 5:16).

Hay un antiguo canto que dice: "Aunque sea muy humilde, no hay lugar como el hogar". Para muchos chicos de hoy, el hogar no significa lo que solía significar. No hay ningún lugar que ellos realmente pueden llamar hogar. Sienten la soledad de la canción de Neil Diamond: "Yo soy, lo dije", cuando canta: "Bello el de Los Angeles, pero no es hogar; el hogar de Nueva York, pero no es el mío". Para miles de jóvenes, el hogar es un infierno viviente hasta que tengan suficiente edad o disgusto para marcharse.

Nadie realmente sabe tan bien como Dios lo que está ocurriendo en tu hogar. Sus ojos están en todo lugar. El ve todo lo que ocurre. Toda pared es transparente para él. Cualquier cosa que esté cuidadosamente escondida de los ojos de la multitud no está escondida de él. El ve las mentiras, la amargura, la avaricia que se esconden bajo una cubierta de virtud. El ve al muchacho que roba a sus padres, al que se inyecta las drogas en su dormitorio, a los que usan su casa como lugar para la práctica "libre" de las relaciones sexuales. El sabe todo lo relacionado con las peleas, las disputas, las drogas y las bebidas alcohólicas. El ve a los miembros de tu familia tal como son realmente.

11

Pero aun así, Dios se preocupa por tu hogar, aunque sea tan malo como el que he descrito o aun peor. El entiende realmente cuando sientes miedo, o estás triste o solitario, en vez de tener paz y felicidad. Y él quiere cambiar todo lo que está corrompido y malo en tu familia, y arreglarla y purificarla.

Si Satanás puede destruir tu hogar, él sabe que te puede dirigir a la vereda que te llevará directamente al infierno. Cubierto con un centenar de disfraces, de mil maneras sutiles, él puede destruir a tu familia. La Biblia dice que cuando un hombre y una mujer se casan se "unen" el uno al otro. Esa palabra significa "pegarse", como si fuera con pega o con cemento. Cuando esa unión se rompe, rasga y causa heridas. Satanás trata de romper este vínculo de amor. El trabaja con tus padres cuando ellos están cansados o enfermos o dominados por los hábitos, con la esperanza de acuchillar su amor y dividir la familia en dos. Trata de que un hermano se levante contra el otro, de que una hermana se levante contra la otra, el padre contra el hijo, el padre contra la madre, con pequeñas o grandes diferencias, con horribles recuerdos del pasado, que siguen creciendo hasta producir explosiones de odio y amargura. Muy a menudo ha hecho esto. Nuestro pecado es el que le ha dado cabida, abriéndole la puerta para que se mude y convierta el hogar en un infierno.

Una nación sólo es tan fuerte como sus hogares. Cuando la familia se arruina, la nación va en camino a su fin. El hogar es el fundamento del orden. Cuando los hogares comienzan a dividirse, la revuelta, la rebelión y la anarquía estallarán en las calles. Cuando se condena a muerte el hogar, se asesina la civilización. Los muchachos se han marchado de sus hogares; padres por centenares y miles han abandonado sus hogares para no volver nunca; las madres han abandonado a sus hijos a las puertas de los sitios de adopción y simplemente se han marchado. Si algo ha de hacerse a favor de este mundo, tiene que comenzarse en el hogar. ¡Y eso significa tu hogar!

¿Qué piensas tú que siente Dios cuando ve a tu familia? Al principio, él planificó el hogar para la felicidad. El estableció el primer matrimonio, bendijo a la primera familia. Desde el comienzo, él decidió usar el hogar como un ejemplo de la manera como debemos amarlo y obedecerle a él. Dio leyes para el hogar, leyes que nuestra generación ha quebrantado, de lo cual ha habido terribles resultados. Toda familia que se divide perjudica a más personas de las que pensamos. Si cada familia tuviera sólo cuatro hijos, y los hijos hicieran los mismos errores necios que hicieron sus padres, dentro de cien años (cuatro generaciones de 25 años), más de 680 personas estarían trastornadas. Y Dios siente con todo su dolor toda herida que se produce en cada corazón. He aquí las leyes que él dio para mantener felices nuestros hogares. He aquí lo que él planificó como Padre para las familias de sus hijos:

1. *Los padres deben amarlo a él con sus vidas como también con sus labios.* Demasiados padres religiosos aparentan ser personas de iglesia, que no han tenido una experiencia real con Jesús. Así apartan totalmente a sus hijos de una fe real. Demasiados de los jóvenes radicales de hoy proceden de hogares que tenían por costumbre asistir a la iglesia, aun de hogares de predicadores. No siempre ocurre esto por culpa de los padres. Pero a menudo, los padres no han hecho lo que Dios dijo. ¿Tus padres pasan realmente tiempo contigo? ¿Te han enseñado a trabajar, y a jugar, y a amar y a reír? Dios quiere que ellos sean una fuente de fortaleza y guía. Tu hogar tenía el propósito de ser un lugar de paz, amor y seguridad. Y Dios anhela que el hogar sea así, aun más que tú. El quiere que tus padres estén

con él. Una pregunta para ti: ¿Estás ayudando a que
Dios afecte las vidas de ellos haciendo tu parte?

Hay un conjunto de instrucciones en el Antiguo
Testamento que casi todo discípulo de Jesús ha oído y
leído. No se llaman las diez sugerencias, sino los Diez
Mandamientos. Y sólo uno de ellos lleva consigo una
bella promesa. Es el mandamiento especial para los
hijos. Dios sabe cuán difícil es obedecer y honrar a
algunos padres. Dio una promesa especial con este
mandamiento. El mandamiento dice: "Honra a tu
padre y a tu madre". La promesa dice: "para que sean
prolongados tus días, y para que te vaya bien sobre la
tierra" (Exodo 20:12; Deuteronomio 5:16).

En este mandamiento, Dios nos promete dos cosas,
si obedecemos: una larga vida y una buena vida. Si
quebrantamos este mandamiento, ponemos en movimiento leyes de juicio que nos traerán dos tragedias.
La primera es una vida corrompida. La segunda, una
vida corta. No vivirás largo tiempo, ni vivirás bien. Si
no honras a tus padres, sentirás amargura por las
faltas y pecados de ellos. Esa amargura te conducirá a
rechazar toda autoridad. La pérdida del respeto hacia
cualquier guía o control que no sea tu propia voluntad,
abre las compuertas a toda clase de pecado. Ese pecado traerá culpa, y con ella vendrá la falta de respeto.
La falta de autorespeto significa que ya no te amas a ti
mismo. Y cuando dejas de preocuparte por ti mismo,
se abre la puerta para el suicidio.

La Biblia dice: "El ojo que escarnece a su padre y
menosprecia la enseñanza de la madre, los cuervos de
la cañada lo saquen, y lo devoren los hijos del águila"
(Proverbios 30:17). ¿Cuál es el resultado del deshonor
y la amargura contra los padres? Una vida corta y
mala. No, no podemos darnos el lujo de quebrantar las
leyes de Dios. Aun por tu propio bien, si no por el de
Dios o el de tus padres, tienes que obedecer la ley:

"Honra a tu padre y a tu madre".

2. *El Señor Jesús tiene que ser el primer "Jefe" de tu hogar.* Luego viene el papá, y después la mamá. Ese es el orden. Los demás de la familia deben estar sujetos a ellos. El padre debe dirigir el hogar bajo la dirección de Dios, y proveer para todas sus necesidades. Esta provisión no es sólo de "cosas". Dios espera que el padre cuide de su esposa y de sus hijos, por supuesto; la esposa no debe tener la obligación de trabajar para ayudar en las necesidades corrientes del hogar. Ese trabajo le corresponde al padre. Dios dice: ". . . si alguno no provee para los suyos, y mayormente para los de su casa, ha negado la fe, y es peor que un incrédulo" (1 Timoteo 5:8).

Pero esta provisión también incluye el amor y el tiempo que debe dedicar a su esposa y a sus hijos. También significa que debe pasar tiempo con Dios a favor de su familia. Si los padres no satisfacen las necesidades espirituales y emocionales de sus hijos, en la misma forma como las necesidades físicas, pueden perderlos. Los Beatles destacaron esto cuando cantaban: "Ella está abandonando el hogar luego de vivir sola durante muchos años"; mientras sus padres dicen: "Le dimos la mayor parte de nuestras vidas; sacrificamos todas nuestras vidas". El papá debe dedicar realmente tiempo a sus muchachos, y no sólo darles cosas.

La madre debe ser la inspiradora del hogar. Ha de estar detrás del padre y estimularlo en su trabajo y en su liderato; y estar dispuesta cuando sea necesario su consuelo y su consejo (ver Efesios 5:22, 23; Colosenses 3:18, 19; 1 Pedro 3:1, 2; Tito 2:4, 5). Ahora bien, si esto no se cumple en tu familia, ¿realmente quieres que sea así? ¿Estás dispuesto a obedecer a Dios a fin de que él te indique lo que puedes hacer para comenzar a practicarlo?

3. *Los hijos deben amar, honrar y obedecer a los padres como al Señor.* Esto no lo digo yo. El mismo Espíritu Santo que nos dio la Biblia lo dijo en el Libro de Dios (ver Efesios 6:1-3; Proverbios 23:22; Lucas 2:51; Colosenses 3:20). Y él no dijo: "Amad a vuestros padres, si ellos son amables con vosotros". Tampoco dijo: "Honradlos, si ellos hacen siempre lo correcto". El dijo: "Obedeced a vuestros padres en todo". ¡Y esto no significa que si ellos no son cristianos, puedes decirles que se vayan a freír espárragos! Significa que, mientras estés en el hogar de ellos, y ellos te pidan que hagas algo que Dios no prohíbe en su Libro, debes hacerlo por amor a Jesús.

¿Pensaste alguna vez que tal vez Dios podría utilizar a tus padres no salvos para hablarte? Es fácil echarles la culpa de todo lo malo. ¿Pero no podría Dios estarlos utilizando para indicarte tu falta de amor hacia las personas envilecidas? Si el amor envuelve la satisfacción de las necesidades de otros, y no sólo esperar que otros satisfagan las tuyas, ¿amas tú realmente a tus padres? Es fácil amar a las personas que son amables. Cualquiera puede hacer eso. Pero se necesita que la persona sea cambiada realmente por Jesús para que ame a las personas que no son amables. ¿Crees tú que Dios pudiera hablarte a través de tus padres no salvos? ¿Puedes comprender que toda cosa vil que ellos hagan pudiera ser sólo otra oportunidad para demostrarles el amor de Dios? Lo que debe preocuparte no es lo que ellos han hecho para que te sientas avergonzado de ellos, o herido por causa de ellos. Lo que debe preguntarte es esto: "¿He obedecido a Dios, haciendo lo que ellos me dicen que haga, aunque no cuadre con mis propios planes?"

Amar a tus padres no significa tener buenos sentimientos con respecto a ellos, especialmente cuando hacen cosas malas o crueles. Recuerda que el amor es una decisión de hacer lo bueno, aunque sientas el deseo de actuar en la misma forma como ellos, y de devolver mal por mal. No, amarlos significa que debes tragarte tu orgullo y tu herida, y hacer lo mejor, aunque sea lo más difícil. Honrarlos significa respetar la autoridad que Dios les dio sobre tu vida, aun cuando piensas que sabes mejor. Obedecerlos significa hacer lo que te digan, aunque quieras hacer algo distinto. Dios tiene sus maneras de tratar los problemas. Pero mientras tú tomes este asunto en tus manos, y no lo hagas a la manera de Dios, él tiene dos problemas: tus padres y tú. El hará algo en tu hogar. Pero deja que suceda según la manera de él. Comienza por el lado de él. Si alguien ha de ganar a tus padres para Jesús, ese debes ser tú.

2

PERDONA A TU FAMILIA POR ERRORES PASADOS

¿Te ha hecho algún mal tu familia? Es fácil ver los indicios. Tu cara se vuelve dura; evades a los demás; esperas favores de todos, sin gratitud; pasas mucho tiempo con las personas que piensan como tú y les dedicas mucha atención; y a causa de tu actitud, terminas con sólo unos pocos amigos que realmente tienes miedo de perder. La amargura te hace sensible, susceptible, predispuesto a perder los estribos.

Lo peor cuando no perdonas a los que te hacen mal es que te vuelves totalmente introvertido, y tan duro que no te importa nada más. Y cuando desistes de los demás, también comienzas a desistir de ti mismo; simplemente quieras, tal vez, terminar todo saltando de un puente o con una dosis excesiva de cualquier cosa. La amargura es mortal. Envía a más muchachos hacia la calle de la muerte que cualquier otro pecado.

La amargura va empeorando y te mete en aflicciones cada vez más profundas. Tú confías en alguno; esa persona traiciona tu confianza. Huye de ti, te desacredita y te rechaza. Hoy mismo, ese acontecimiento está ardiendo dolorosamente como fuego en tu mente. Tal herida te hace desear la venganza. Otros jóvenes amargados ya lo han hecho; dejaron tras sí una estela de más vidas destruidas.

Un joven fue herido una vez; ahora se especializa en herir a las chicas que se enamoran de él. Conocí a una muchacha que con demasiada frecuencia se sentía profundamente herida, pero ahora dice que es insensible al dolor. Ha aprendido el arte aterrador de ser dura como una roca, encallecida a la ternura y a la solicitud. Ahora dice que ya no se siente herida. Pero el problema que hay cuando no se sienten las heridas es que tampoco se siente la felicidad. Cuando te vuelves duro, dejas de sentir cualquier cosa.

La amargura te vuelve ciego para las necesidades de los demás. Te envuelve por completo en ti mismo. Envenena todo y hace que todo lo que realizas sea ponzoñoso. Pierdes todos tus amigos, excepto los que se sienten heridos y disgustados como tú. Se levanta una pared de hielo en torno a ti que nadie puede atravesar con amor. Leemos en Proverbios 14:10: "El corazón conoce la amargura de su alma; y extraño no se entremeterá en su alegría". La amargura hace que comiences a echar la culpa de los problemas a todo y a todos los demás. Se te mete la idea de que, si señalas durante suficiente tiempo a los demás, la gente no te mirará con demasiada dureza.

La amargura es el pecado básico de las calles. Pregunta a un centenar de muchachos por qué se fugaron de la casa y malgastaron sus mentes y sus vidas enajenándose de la realidad a través de la droga. Casi siempre obtendrás la misma respuesta: "Me sentí ofendido; esta fue mi manera de desquitarme". El resentimiento mata el amor y barre toda confianza en cualquier autoridad.

La amargura atrae "amigos" viles, así como el excremento atrae a las moscas. Tengo el raro presentimiento de que algunas de las marchas que se organizan en favor de diversas causas sólo son desahogos convenientes de la amargura. Las vidas que una vez tuvieron confianza, ahora arden con el ácido de la venganza, y salen a protestar contra toda norma y control. ¡Sin embargo, ante todo esto, Dios nos manda a perdonar!

Ahora, tal vez sientas el deseo de unirte a los millares de personas que simplemente reían. Esa es una risa cínica, compuesta de centenares de miles de resentimientos y de confianzas traicionadas. Venía tanto de viejos como de jóvenes, tanto de patriotas de 60 años de edad que flameaban banderas como de disgustados jóvenes anarquistas de 16 años, tanto de los chicos de la calle como de los de la iglesia; de personas de labios apretados y de ojos que no destellaban felicidad.

Oigo esas voces. Si pudieran hablar algo, dirían: "¿Perdonar? ¿Estás bromeando? ¿Para qué? ¿A mis padres? ¿A mis hijos? ¿A ellos? Usted no entiende. Simplemente, no entiende".

Pero Dios *sí* entiende. Por esa razón, él nos manda que perdonemos. Si pasamos por alto este mandamiento, pagaremos con nuestras vidas. El perdón es el camino de Dios para salvar tu felicidad. Mira tu vida. Piensa en la amargura que ha causado. ¡Hazle frente! Vuelve a pensar en todas las cosas que has dicho y hecho porque alguien alguna vez te ofendió. ¿Valió la pena este desquite? ¿Valió tanto como lo que se te hizo a ti? Mírate en el espejo. Ve en lo que te estás convirtiendo: en un resentimiento andante contra el mundo. Perdona. Si no haces lo que Dios dice, la amargura te destruirá. Sí, ellos *tienen* la culpa de que estés ofendido. Pero la amargura siempre es tuya. Y tú tienes que perdonar, pues de lo contrario cambiarás, paso a paso, hasta llegar a ser como aquellos que más desprecias.

Si te ha ofendido tu familia, u otras personas, a las cuales sabes que tienes que perdonar, puedes y tienes que hacer lo siguiente para ser libre. Será difícil, pero puedes hacerlo. Decídete. Dios te ayudará y te fortalecerá. Recibe la ayuda de él y haz lo que sigue:

1. Haz una lista de todos los que te han ofendido. Aparta tiempo para ello. Deja suficiente espacio debajo de cada nombre. No tendrás ninguna dificultad para recordarlos.

2. Debajo de cada nombre enumera lo malo que esa persona te ha hecho. Resume en principios las acciones personales. Resume las cosas pequeñas en categorías básicas. Escríbelo todo. No es difícil recordar esto cuando te sientes ofendido. Has estado pensando en algunas de estas cosas durante años. Que salga todo.

La amargura es algo rara. Duele, ¡pero realmente puedes regocijarte de estar ofendido! Es como morderse uno con un diente que le duele, de tal modo que el dolor pequeño es tragado por el grande. La amargura incluye el pecado de la intensa autoconmiseración.

Te has aferrado a los sentimientos heridos durante largo tiempo. Escríbelos ahora. Tal vez tus padres no te hayan dado la clase de ejemplo que querías. Te decían que no hicieras cosas que ellos hacían. Les era fácil decir la palabra "hipócrita". Tal vez tu padre no estuvo disponible cuando lo necesitaste; tal vez él se sacó su borrachera o su complejo de culpa azotándote con el cinturón. Tus padres esperaban demasiado de ti; siempre te decían que en el tiempo de ellos tenían que andar ocho kilómetros por el barro para llegar a la escuela, y te preguntaban por qué no podías tú hacer mejor cuando ellos habían tratado de darte la oportunidad que ellos nunca tuvieron. O tal vez ellos no se podían preocupar menos por lo que te sucedía. Tal vez se mantenían diciéndote que tu hermano o tu hermana eran muy buenos, y te preguntaban por qué no podías ser como ellos, hasta que simplemente te dieron ganas de matar a ese hermano o a esa hermana. Escribe todo eso. Ese es el veneno que está carcomiendo tu vida.

3. Ahora, haz otra lista. ¡En ésta escribe las cosas que has hecho para herir a otras personas! Es extraño que tu memoria por lo general excelente pueda fallarte ahora. Pídele a Dios que pase su arado a través de tu corazón. Permite que él saque a la luz todo el mal que les has hecho, y escríbelo. Tal vez simplemente las sacaste de tu vida el día cuando descubriste que te habían hecho mal. Luego, no tuviste suficiente amor para hacer lo que te pedían aunque fuera correcto. O les mentiste, e hiciste de esto un hábito, por cuanto ellos te mintieron a ti. Fumaste mariguana por cuanto tu papá tomaba bebidas alcohólicas; tomaste L.S.D. por cuanto tu mamá no dormía sin tranquilizantes. Si eres mujer, saliste y quedaste embarazada del hombre más vil que pudiste encontrar, por cuanto tu madre siempre se preocupaba por mantener el nombre de la familia. Alguien te ofendió; así que nunca le diste las gracias, sin importar cuánto hizo esa persona para hacer las paces, sólo por hacerle ver que no podías preocuparte menos. Hiciste con los amigos cosas que nunca antes habías hecho, por cuanto dejaste de pensar que existía la verdadera decencia.

¿Cuántas mentiras te has dicho a ti mismo por el hecho de estar resentido? ¿Cuántas veces has castigado tu propio cuerpo y tu propia mente a causa de algún mal que alguna otra persona te hizo? Escribe todo eso. Sé tan honesto como puedas. Escribe todo lo que has hecho para perjudicar a tu familia. Yo sé que te sientes orgulloso de ello. Sé que no es fácil recordarlo todo. Pero realmente tienes que comprender lo que te ha hecho el pecado de la amargura. Y descubrirás algo extraño y terrible.

Mucho de lo que tienes en la lista de lo malo que tú has hecho es exactamente lo mismo que tienes en la lista de lo que tus padres te hicieron. Los has juzgado y condenado; ¡pero has hecho lo mismo! De una multitud de maneras has llegado a ser como las personas que despreciabas.

4. Creo que tú sabes cuál es el siguiente paso. Ponte de rodillas, y pídele a Dios que te indique cuánto lo han ofendido a él las cosas que has hecho. Aún no has terminado; el asunto no ha finalizado hasta que eches una mirada a lo que ha ocurrido en el corazón de Dios. ¡Ah, cuán terrible es la amargura! Y recuerda que toda herida que alguna vez hayas sentido, toda ofensa que haya sentido tu familia, todo aquello en que tu amargura censuró sin piedad a otra persona, Dios lo sintió por completo. El, que tiene la experiencia total ha tenido que pasar por la suma total de todo ese dolor. ¿No es tiempo de que ceses de ofenderte a ti mismo? ¿No es tiempo de que dejes de infectar a los demás? ¿Y no es la hora de que dejes de ofender a Dios?

No hay excusas. Todo lo que tú has sentido en todas las más profundas ofensas que te han hecho no es sino una mínima fracción de lo que Dios ha sentido por ti. Hay sanidad en el corazón de Dios. Sólo Cristo puede llevar esta carga y sobrevivir. Si con todo esto, él puede perdonarte, tú puedes basarte en su gracia para perdonar. Arrepiéntete profundamente de lo que has hecho. El camino de la amargura es un callejón que sólo tiene salida en el infierno. El resentimiento te coloca en esa calle, pero tú no fuiste hecho para ser su esclavo.

Tú tienes que permitir que Dios te libere; pero la liberación es imposible si te aferras a aquello mismo que te está cambiando para que seas como la persona que odias. Extiende tu horrible lista delante del Señor. Permite que él te quebrante por lo que has hecho. Tal vez es tiempo de que llores. Nadie, ni siquiera tú, es demasiado duro para no permitir que el amor de Cristo derrita los años de resentimiento e ira.

Permite que su sangre limpie tu corazón de piedra lleno de odio. Presenta tu lista ante él y pídele que te perdone. Haz que quede tan limpia como querrías que esté en el día del juicio.

Charles Warner dijo:

En las mismas profundidades de ti mismo, cava un sepulcro. Que sea como algún lugar olvidado hacia el cual no conduce ningún sendero. Y allí, en el eterno silencio, sepulta las ofensas que has sufrido. Tu corazón se sentirá como si se le hubiera caído una carga, y como si una paz divina hubiera venido a morar contigo.

Pídele disculpas a Dios por lo que has hecho. Dile: "Oh Señor, he estado resentido, y me he vengado en formas terribles. He llegado a ser precisamente como los que me ofendieron. Me he llenado de amargura, dureza y orgullo. Perdóname mi vil actitud. Perdóname mi pecado. Sé que no pude evitar el sentirme herido. Sé que tú entiendes eso. Pero no puede evitar lo que hice para vengarme. Lávame y límpiame de nuevo. Quita la amargura que tengo por estos sentimientos, estos resentimientos que tengo en mi corazón. ¡Lávalos, oh Dios! Restáurame el gozo de mi salvación".

5. Ahora viene la parte más difícil. Levántate de tus rodillas. Toma la lista de lo que tus padres te hicieron. Agárrala y rómpela. Esta es la última vez que vas a pensar en eso. Mientras lo haces, dile al Señor lo siguiente: "Los perdono, Señor, ahora mismo. Me niego a retener por más tiempo este resentimiento que ha atado mi vida. No seré esclavo de las ofensas de otros. Voluntariamente decido no mantener estas cosas más en mi corazón ni en mi mente". Luego, enciende un fósforo y mete candela a los trozos de papel donde estaba la lista. Mientras la quemas ve cómo suben en el humo los viejos resentimientos. Ve

cómo lo viejo se convierte en cenizas. Cuando el fuego se apague y los restos queden fríos, tritura las cenizas y sóplalas para que se las lleve el viento. Que tus resentimienos, tu herida, tu pasado, se vayan con ellas.

6. Llámalos, escríbeles o vé a encontrarte con ellos de inmediato, mientras sabes lo que vas a decirles, y si puedes hablar con ellos aunque sea un minuto sin interrupción. (Escríbeles sólo si es imposible verlos o llamarlos por teléfono.) Ahora, ¿qué es lo que tienes que hacer? Tienes que *pedirles disculpas* por lo que has hecho para *ofenderlos.* Toma lo peor que hayas escrito en la lista de lo malo que has hecho, y comienza con ello. Hazlo humilde y sinceramente, con un corazón quebrantado. Te hará bien si te quebrantas ante aquellos que te ofendieron. No te preocupes por las reacciones de ellos. Esa no es tu preocupación. Ellos pueden sorprenderse; pueden avergonzarse; pueden sentirse tan redargüidos que te insultarán. Deja eso en las manos de Dios. Ellos mismos también pueden quebrantarse, y así Dios podrá sanar en segundos una brecha que ha necesitado años para abrirse. Pero tienes que hacer esto, aun por tu propio bien y el de Dios, si no por el bien de ellos. Y descubrirás que nunca podrás estar seguro de que has sido perdonado sin que primero les pidas el perdón.

Pudieras decir algo como esto: "Papá, me acaba de suceder algo que ha debido sucederme hace mucho tiempo. Dios me ha mostrado que mi ＿＿＿ realmente te ha ofendido. Sé que te he ofendido con esto, y quiero pedirte perdón. ¿Me perdonarás?"

Cuando hayas hecho esto, habrás abierto un canal en el lado tuyo para que comience la sanidad. Tu propio corazón será exonerado de la culpa por parte del Señor. Muchas otras personas también pueden ser sanadas de sus resentimientos. Ahora tienes que comenzar el proceso de vivir con amor hacia ellos. Eso será un desafío. Por medio de tu vida tienes que probar que realmente sientes ahora algo diferente hacia ellos. Esto no será fácil. La amargura causa sospecha, indiferencia e ingratitud. Tú entiendes todo esto. Tú mismo has estado metido allí.

Tú sabes que tendrás que esforzarte en esto. Tal vez se necesiten meses para que la brecha sea sanada. Pero Dios hará cosas en tu vida que nunca hubieras creído posibles.

A través de todo ello, ora por los que te han ofendido. No te atrevas a orar con estas palabras: "Oh, Señor, lo he tratado. He hecho mi pequeña parte. Ahora estoy bien, pero ellos aún están mal. Ahora, ¡atácalos tú por mí, Señor! ¡Juzga a mi malvado padre! ¡Tritura realmente a mi madre hipócrita! Júzgalos por mí, Señor. Destrúyelos, si ésa es tu voluntad!" Considera que tus padres, con todo su resentimiento, frustración, ira y pecado, son amados por Jesús. Ve cómo él extiende su mano y toca sus corazones heridos. La Biblia dice: "Amad a vuestros enemigos, bendecid a los que os maldicen, haced bien a los que os aborrecen, y orad por los que os ultrajan y os persiguen; para que seáis hijos de vuestro Padre que está en los cielos, que hace salir su sol sobre malos y buenos, y que hace llover sobre justos e injustos" (Mateo 5:44, 45).

7. El paso final en el perdón que le ortorgas a la familia que te ha ofendido consiste en que comiences a enumerar las maneras en que puedes ayudar a los que te ofendieron. ¿Hay cosas que ellos necesitan y que tú pudieras comprarlas para ellos? ¿Hay cosas que ellos te han pedido que hagas y tú nunca has hecho? Entonces, hazlas en el nombre de Jesús. El método de la Biblia consiste en desear el mayor bien para ellos. Y descubrirás que algo raro está ocurriendo en tu cora-

zón. Mientras haces estas cosas, paso a paso, Dios restaurará el amor que una vez hubieras podido tenerles. Esto incluso pudiera llevarlos hacia Jesús. Al fin y al cabo, si tú no puedes ofrecer un testimonio eficaz a tu familia con respecto al cambio maravilloso que Jesús puede hacer en una vida, ¿quién podrá?

3

QUE HACER SI LOS PADRES
SE DESCARRIAN

Tal vez tu historia sea como la de la chica de 14 años de edad que dijo: "Yo no odio. No quiero odiar a mi papá, pero él comenzó a besarme de una manera rara cuando yo cumplí los 12 años de edad. Yo no lo entendí entonces, pero esto fue empeorando. Finalmente mi madre descubrió lo que estaba sucediendo y me echó de la casa. No lo entiendo. ¿Por qué mi madre me echó la culpa a mí? Me dijeron que me iban a llamar para la Navidad, pero no lo han hecho; y si no lo hacen pronto, voy a terminar odiándolos para siempre".

O tal vez sea como la de Carlota, la cual salió de paseo con un muchacho perverso del liceo, y después se dio cuenta de que había quedado embarazada a los 15 años de edad. Conmovida, herida y profundamente avergonzada, fue al hogar para decirles a sus padres lo que había ocurrido. Su padre le apuntó el dedo índice hacia la cara y le dijo que ella era una sucia ramerita. Ella no había podido sobreponerse a esto. "Ahora no lo odio", dijo ella, "pero dentro de un año odiaré hasta la tierra por la cual camina".

O quizás sea como la del muchacho de 15 años que amargamente admitió: "Mi papá va a abandonar a mamá. Ellos no saben que yo lo sé, pero esperemos. El día cuando él nos abandone, me voy a convertir en el *hippie* más sucio que el mundo haya conocido jamás".

¿Cómo puedes vivir con padres problemáticos? No hay respuestas fáciles para problemas de esta naturaleza. Todo muchacho que ha vivido en las calles sabe lo que significa tener problemas en el hogar. El mundo está lleno de padres viles. Son de todas las clases. Pero recuerda que los padres son sólo personas, y las personas tienen problemas. Algunas personas tienen problemas peores que otras. Si tú has entregado tu vida a Jesús, deja de considerar a tus padres como si fueran un problema, y comienza a considerarlos como personas a las cuales tienes la oportunidad de ayudar, cuando probablemente nadie más puede ayudarlos.

Mario Murillo nos habla de la ocasión cuando, en medio de los grandes problemas de su hogar, acudió a Dios, y el Señor le habló. Parece como si el Señor hubiera mirado a través del tiempo y se hubiera dado cuenta de que en los últimos días los hogares se dividirían. Por tanto dijo: ". . . en los postreros días . . . derramaré de mi Espíritu sobre toda carne". Ese Espíritu es el Espíritu de adopción. Dios pensó: "Si nadie va a cuidar a los muchachos en los últimos días, entonces, yo los cuidaré. Seré para ellos como un Padre, y los haré mis hijos. Si nadie los ama, yo los amaré".

Padres alcohólicos. Tal vez uno, o ambos de tus padres sea esclavo del alcohol. Tal vez lo sean los dos. Has pasado por la vergüenza de tener que recoger botellas de licor al entrar a la casa, la agonía de recibir a algún amigo visitante cuando alguno de tus padres estaba embriagado, el dolor de verlos pelear con ira de borrachos. Tal vez Dios te haya llamado para ayudar a tus padres. Hay algunas razones por las cuales son alcohólicos. Algunas son de tipo médico, y otras, de tipo espiritual.

Tienes que dar pasos para amarlos realmente. En primer lugar, pídeles perdón por no haber sido la clase de muchacho que hubieras podido ser. Diles que los amas y que estás orando por ellos. Gana la confianza de ellos mostrándote digno de confianza y no mostrando repulsión por el problema de ellos. Dios *te* amó cuando *tú* estabas desubicado. Haz lo mismo con ellos. Pide a Dios que te dé el don de la paz en tu corazón, para que puedas obrar basado en su calmada fortaleza. Pregúntales a ellos si puedes ayudarles en alguna forma. Ponte en contacto con los Alcohólicos Anónimos o con otras organizaciones de bienestar social que puedan ayudarles con este problema. Trata de poner a tus padres en contacto con un pastor o con un hombre de Dios que pueda aconsejarlos y ayudarlos espiritualmente. Y *cuida* a tus padres recogiendo lo que ellos dejan tirado, eligiendo el supremo bien para ellos, a pesar del dolor y de la aflicción que su alcoholismo te cause. Ellos necesitan muchísimo a Jesús. Y él algunas veces puede tocarlos, a través de la neblina de su vida arruinada, y llevarlos al arrepentimiento y a una nueva vida.

Padres ateos. Tal vez tu padre sea el presidente de la sociedad racionalista local, o la madre se especialice en dar conferencias sobre ateísmo. Pese a ello, tú has descubierto que el amor de Jesús es real. Recuerda que la mayoría de las personas que se llaman ateas no se han sentado calmadamente a reflexionar sobre las evidencias que hay por lado y lado. Generalmente su ateísmo se debe a que han sido ofendidos en alguna clase de relación con la iglesia. Todos los ateos resueltos que conozco han tenido experiencias malas con alguna clase de situación religiosa.

Ora por tus padres. Nunca te dejes llevar hacia la amargura por causa de la amargura *de ellos,* pues de lo contrario descubrirás que estás haciendo como ellos. No discutas con ellos acerca de la fe. Si te censuran por causa de tu fe, nunca levantes la voz ni caigas en la trampa de airarte por las palabras de ellos. Habla tranquilamente. Pasa mucho tiempo estudiando la Biblia. No te opongas a ellas al tratar intencionalmente de hacer cosas espirituales cuando ellos las pueden ver. Demuestra que tu vida está cambiada y es diferente, en la vida práctica del hogar. Tu meta es la de demostrarles con tu propia vida que el hecho de haberle entregado tu vida a Dios ha hecho de ti una persona mejor y que, por ese motivo, los amas más. Algunas veces, el amor los ganará, cuando todos los argumentos no hayan podido hacerles dar un paso hacia Dios.

Un padre cruel. Algunos padres aprenden a deshacerse de su ira y de su odio azotando cruelmente a sus hijos. Cuando la Biblia dice: "Honra a tu padre y a tu madre", eso no significa que debes permitir que te caigan a golpes hasta que te dejen casi insensible. Si has hecho algo malo, eso merece castigo. Recíbelo como hombre. Pero ningún cristiano tiene que sufrir crueles azotes silenciosamente, sin poder pedir ayuda o protección. Si tu padre es cruel, tienes el derecho de reprenderlo. Cuando él monte en cólera, dile: "Papá, ¡espera un momento! Cuando yo hago lo malo, sé que debo ser castigado. Pero sé justo. No es justo que eches tus problemas sobre mí. Soy tu hijo. Quiero amarte y respetarte. Pero no puedo hacerlo cuando tú eres cruel". No se te olvide disculparte por no haber sido la clase de muchacho que has debido ser. Luego, dile que respetarás sus deseos, y que harás cualquier cosa que él te diga, si es justa; pero si él no te trata con justicia, abandonarás el hogar hasta que él se calme.

Trata de descubrir por qué tu padre es tan cruel y se aíra tanto. ¿Confía él en ti? ¿Hace esto por cuanto ha hecho de su vida una confusión, y no puede hallar a nadie más sobre el cual lanzar su frustración? Y si puedes, trata de ayudarlo andando valientemente con

Dios a la par con la vida envilecida de él. Amalo, preocúpate por él, pero sé firme. Y permanece retirado de él cuando tenga mal genio. Dile que, si él se aíra, tú saldrás hasta que él se haya calmado, para ayudarle a que no se haga más daño, ni ofenda a Dios ni a ti.

Padres que practican la magia negra. El espiritismo, las actividades ocultistas en la familia son problemas crecientes. Muchos padres se meten en actividades satánicas que están expresamente prohibidas en la Biblia. Tu casa puede estar llena de poderes demoníacos y de temor a causa de las prácticas de ocultismo en que están metidos la madre y el padre. Firmemente tienes que negarte a tomar parte en ellas en alguna forma. Las artes ocultas son como una enfermedad contagiosa y mortal; un pequeño contacto contamina y comienza a infectar a los demás.

Resiste la tentación de experimentar con el ocultismo en cualquier forma, o de tomar parte en cualquier cosa que envuelva una actividad oculta. Mientras tus padres hacen cosas relacionadas con el diablo, vete a la casa de un amigo. Lleva a tu casa un número de amigos cristianos y ora en cada cuarto que puedas de la casa. Haz que tus amigos te conviertan en un motivo especial de oración, para que tu mente y tu espíritu sean guardados de las asechanzas del enemigo. Líbrate de cualquier música que esté vagamente relacionada con el mundo. Llena tu habitación de música cristiana, y permanece retirado de los sonidos relacionados con las drogas, que son deprimentes y melancólicos o que están en tono menor.

Aprende a alabar a Dios y a orar en el Espíritu, no por ti mismo, sino por los demás. Demuestra la realidad de una vida llena de amor y del poder del Espíritu Santo. Conoce de un modo real y práctico el poder del Espíritu Santo. "Porque mayor es el que está en vosotros, que el que está en el mundo". Niégate a leer cualesquiera libros que traten sobre el espiritismo. No los leas ni siquiera por diversión o curiosidad.

Padres descuidados. Puede suceder que tú tengas padres que piensan que te aman tanto que no quieren colocar ningunos límites a tu vida. Eso es necedad. Dios nos ama, y por esa razón nos puso límites. Cuando sabemos qué es lo bueno y qué es lo malo, y hasta dónde podemos ir sin causar dificultades, tenemos libertad para edificar, crear y crecer. Si tus padres dicen que ellos se preocupan mucho, o que, francamente, no les importa en absoluto lo que hagas, entonces preocúpate *tú* mismo. Ponte límites. Pídele a Dios que te ayude para adquirir aquel fruto del Espíritu que se llama dominio propio, o templanza. Establece un tiempo para estar en el hogar, y haz el esfuerzo de estar allí a esa hora. Regula tus propias horas para jugar y trabajar. Lee libros cristianos y biografías que te ofrezcan para la vida el modelo que tus padres no han podido proveerte.

Padres no cristianos que acuden a la iglesia. Algunos padres no son realmente personas malas; en efecto, incluso pueden asistir a la iglesia todas las semanas. Pero tú sabes que realmente no aman a Jesús, por cuanto lo que ellos tienen no es mucho más que una reputación social. No los condenes, ni trates de predicarles con respecto a sus vidas hipócritas. Puede que ellos no sepan más de aquello en que han estado durante los últimos 50 años. Por lo menos están tratando de dar alguna clase de ejemplo religioso, aunque tal vez tú aprendiste más acerca de Jesús ayer que lo que ellos han aprendido en toda su vida.

Vive regocijadamente en el hogar, sé útil, y canta las alabanzas de Jesús mientras lavas los platos, limpias tu cuarto o arreglas la cama. Después de pedir permiso, lleva a casa a algunos amigos que sean verdaderos discípulos de Jesús, sólo para tener compañerismo con ellos y para que conozcan a tus padres. Repito que no debes predicarles. Tu tarea consiste en ofrecer un ejemplo de genuino amor cristiano y de realidad. Permite que Dios les dé el resto del mensaje.

Padres divorciados. Tal vez tus padres se hayan separado definitivamente. Tal vez estés con tu padre o con tu madre, o quizás en algún apartamento por separado. No permitas que surja la amargura en ti, y si la tienes, líbrate de ella. Pide perdón a tus padres por separado; esto te ayudará a librarte del resentimiento. Haz cosas para los dos por puro amor hacia ellos. Pasa una cantidad de tiempo igual con cada uno de ellos, cada vez que puedas y que ellos te lo permitan o quieran. No tomes partido con ninguno de los dos. No importa cuán malo haya sido uno de ellos, no tomes partido contra él, ni te apegues exclusivamente al otro. Amalos a los dos, al que es amado y al que no lo es. Tal vez Dios te use para hablarles a los dos padres con respecto al amor de Jesús. Tal vez ellos dos puedan comenzar de nuevo algún día a causa de que los dos tienen un nuevo corazón. Y si ellos ya están casados con otros cónyuges, no guardes rencores contra tu padrastro ni contra tu madrastra. Estas son las personas a las cuales legal y bíblicamente tienes que poner atención, por cuanto el tribunal les ha encomendado la custodia. Tus verdaderos padres pueden aconsejarte y con ese fin puedes acudir a ellos, pero no tienen el derecho de mandar.

Padres de credos diferentes. Tal vez cada uno de tus padres pertenezca a una fe diferente, y eso haya sido un motivo de tensión para ellos dos y para ti. En ese caso, trátalos como si fueran padres divorciados, pues esta situación es como un divorcio espiritual. Cuando das el testimonio de Cristo, apégate a lo principal; no te apartes hacia pequeñas diferencias doctrinales. Sé positivo con respecto al amor y a la armonía que has hallado en Jesús. Y, si es posible, acude a una reunión o a unas dos con cualquiera de ellos o con los dos, siempre que te hagan la promesa de que irán contigo a una de las reuniones a las cuales tú asistes. Luego, ora con ahínco por los dos para que hallen la unidad espiritual en Jesús. Si alguno de los padres es cristiano y el otro no lo es, compra libros que ayuden al que es cristiano a ganar al otro.

Cuando uno de los padres ha muerto. Tal vez uno de tus progenitores haya muerto, y el otro esté solo tratando de criarte. Algunas veces es difícil cuando el que ha muerto es el padre. En ese caso, a la madre le toca la doble responsabilidad de proveer para las necesidades del hogar y de criarte, con todos los demás hermanos o hermanas que puedas tener.

Trata de hacer más que lo que te corresponde. Busca maneras de hacer trabajo extra, y ayuda a sostener a la madre. Ayúdala a llevar la carga siendo responsable y digno de confianza. Amala de manera extraordinaria, por cuanto ella está sola y es más difícil para ella hacer frente a todo.

Si la madre pertenece a una iglesia, que presente sus necesidades a Dios en el culto semanal de oración. La iglesia tiene la responsabilidad de ayudar a las viudas y a los que tienen necesidad. Asegúrate de pertenecer a un cuerpo de creyentes que siguen este mandamiento bíblico. Busca la manera de que algunos hombres de la iglesia oren semanalmente por tu mamá, a fin de que ella tenga la sabiduría y la fortaleza para hacer las decisiones correctas y levantar la familia. Alivia las cargas de ella hasta donde puedas.

Si tienes una madre excesivamente afectuosa. Generalmente somos apegados a nuestras madres, pero algunas veces ellas pueden tratar de vivir a través de nosotros. Es un viejo truco del diablo el de convencer a la madre de que sus hijos, especialmente los varones, las necesitan más que cualquiera otra persona en el mundo, incluso Dios. Las madres son muy importantes en el plan de Dios para el desarrollo de la familia; pueden darnos tanto amor como inspiración según el orden de Dios. Pero si se hacen demasiado posesivas o dominantes, ponen mucha presión sobre sus hijos. Cuando las madres tienen problemas de esta naturaleza, empujan a sus hijos varones hacia la homosexualidad o hacia una vida tipo Hitler.

Tienes que dar pasos para que tu padre afiance su liderato en el hogar. Di en presencia de tu madre cosas que honren y sustenten a tu padre. Si la madre te dice que hagas algo que corresponde a una decisión de la familia, hazlo; pero si se trata de una decisión entre lo que dice la madre y lo que dice el padre, en cada ocasión sigue las instrucciones de tu padre, a menos que sea una orden a cometer específicamente un pecado. Dios ha colocado a tu padre en la casa como líder. Ayúdalo en esto. Resístete a la tentación de socavar la autoridad de tu padre tratando de convencer a la madre para que se rinda, cuando ya él dijo que no. Cuando ambos padres están en el hogar, acude a tu padre y pídele a él permiso primero. Pero no humilles a tu madre mientras haces esto. Simplemente sonríe, reconoce la autoridad de ella, y dile: "Está bien, mamá; pero tengo que pedirle primero a papá para ver si él piensa que está bien".

Padres exageradamente estrictos. ¿Te has preguntado alguna vez por qué parece que tus padres son exageradamente estrictos contigo? Colócate un ratito en el lugar de ellos. ¿Por qué serías tú estricto con tus hijos? ¿Tal vez sea porque recuerdas lo que hiciste cuando eras muchacho, y ahora te estás volviendo rígido por cuanto reconoces (o piensas que reconoces) la misma clase de cosas que solías hacer? Tal vez algunos padres recuerdan sus propias vidas cuando eran muchachos con cierta medida de temor y pesar.

En la película de Billy Graham, *The Restless Ones* (Los inquietos), April Harris, una joven prostituta que tiene una madre alcohólica, es sometida a un interrogatorio por parte de la madre, en cuanto a cómo consiguió el dinero para comprarse un vestido costoso. (Lo compró con dinero que había conseguido vendiendo su cuerpo.) De repente, April se vuelve hacia la madre y le dice: "¿Qué hiciste tú cuando eras joven que te hace sospechar de *mí*?" ¡Silencio! Recordemos que algunas veces los padres son demasiado estrictos por causa de que tienen un sentimiento de culpa o de temor.

Tienes que aprender a construir la confianza en ellos. Haz exactamente lo que dicen. Cuando les dicen que estarás en casa a cierta hora, llega más temprano, si te es posible. Haz todos los trabajos que se te encomienden. Gánate la confianza de ellos. Necesitarás tiempo. Pero si puedes probar que se puede confiar en ti, podrás darte cuenta de que ellos aflojan su estrictez un poco.

Padres cultos y de éxito. Algunas veces los padres parecen tener sus corazones puestos en que tú tengas éxito. Esto es también natural. Simplemente es correcto que los padres esperen que sus hijos sean alguna clase de crédito para el mundo y que tengan éxito. Pero algunas veces, ellos no saben lo que es el éxito. El éxito bíblico consiste en vivir en los caminos de Dios y según sus principios. En ocasiones, para los padres, el éxito significa fama, fortuna y poder. Tal vez esa no sea la manera como Dios te está dirigiendo, pero no puedes declararle la guerra a tus padres por este motivo.

Diles que te sientes feliz por el hecho de que ellos quieren que tengas éxito. Diles que quieres ser útil y digno de tu mundo. Pero trata de dar una definición diferente al éxito, de tal modo que ellos puedan entender que tus valores no se basan en la cantidad de dinero que tengas ni en que seas bien conocido. Indícales que muchos ladrones son ricos y bien conocidos. Diles que te estás esforzando en tener éxito y una buena reputación, lo cual para ti es de mucho más valor que simplemente tener mucho dinero, el cual no te podrás llevar cuando mueras. Ofrece algunas alternativas creadoras a los planes que ellos tienen para tu futuro. Si realmente no estás interesado en aquello que ellos quieren que hagas, explícales que seguirás con ese plan mientras puedas hasta que estés absolutamente seguro de lo que Dios quiere que tú hagas. Dale gracias a Dios por tus padres. Por lo menos tienen tanto interés en ti como para preocuparse por tu vida. Algunos padres nunca hacen absolutamente nada de eso. A continuación, ora por tus padres.

El paso final para que perdones a la familia que te ha hecho mal consiste en comenzar a enumerar las maneras en que puedes ayudar a los que te han ofendido. ¿Hay cosas que necesitas y que puedes comprar para ellos? ¿Hay trabajos en la casa que a nadie le gusta hacer, y tú puedes realizar para ellos? ¿Hay cosas que ellos siempre te han pedido que hagas, y nunca antes las has hecho? ¡Entonces, hazlas en el nombre de Jesús! El método de la Biblia consiste en querer el mayor bien para ellos. Y descubrirás que algo extraño ocurre en tu corazón. Mientras tú haces estas cosas, paso a paso, Dios restaurará el amor que una vez tuviste para ellos. Eso incluso pudiera traerlos a Jesús. Y si *tú* no puedes ser un testimonio eficaz para tu familia con respecto al maravilloso cambio que el Señor puede hacer en una vida, ¿quién podrá?

4

GANA A TU HOGAR PARA CRISTO

Si quieres cambiar la sociedad, no hay mejor lugar para comenzar que en su mismo corazón, que es el hogar. A menos que puedas vivir para Cristo ante tu familia, olvídate de tratar de servir a Dios en tu mundo. El hogar es fundamental. Es allí donde, bajo la dirección de Dios, se deben aprender todas las lecciones del verdadero cambio social. Es allí donde comienzas a cambiar tu mundo.

1. *Discúlpate con cada persona de tu familia.* Si has de afectar las vidas de ellos, primero arregla con ellos las cosas, haz frente a lo malo que has hecho. Has quebrantado las leyes y el corazón de Dios, al presentar un mal ejemplo para tus padres y familiares. Si vas a ser una persona diferente, comienza en la forma correcta. De esta forma tu nueva manera de vivir no será mal interpretada mientras trates de vivir mejor.

2. *Comienza a vivir con amor hacia tus padres.* Ellos no tienen otro ejemplo de lo que es un verdadero cristiano, sino el tuyo. ¿Cómo es ese ejemplo? ¿A quién más tienen ellos para que les dé una ilustración real de lo que es el cristiano en la vida diaria? La Biblia nos dice que amemos a nuestro prójimo. El prójimo es la persona que está cerca de nosotros. ¿Quién vive más cerca de ti que tu papá y tu mamá? Ahora bien, amar a tus padres no significa que tienes que

sentirte bien con respecto a ellos, ni ser feliz con lo malo que ellos hacen. Simplemente significa elegir sin egoísmo en cada situación el mayor bien para ellos, sin importar lo que ellos hagan o digan. Significa tratarlos en la manera como te gustaría ser tratado, aunque ellos sean injustos o incomprensivos. Si los amas, no serás sarcástico, no perderás los estribos, ni te vengarás en caso de que te ofendan. Lee 1 Corintios 13.

3. *Permanece firme en favor de lo bueno*. No comprometas tu testimonio. Si tú ignoras tu postura como cristiano, cuando te resulta inconveniente defenderla, eres una persona que complace a la gente. Tu familia te probará para ver si realmente hablas en serio lo que dices. No te entregues al pecado. Estás a prueba ante tu familia. Si tus padres ven que no sólo estás dispuesto a morir por tu fe, sino también a vivirla ante ellos, comenzarán a respetar tu posición. Sé amable, pero firme, en tu posición. Tienes que obedecer a tus padres en todo, menos en el pecado.

4. *Obedece a tus padres*. Este es el método bíblico que sirve para atraerlos al Señor. ¿De qué mejor manera los puedes convencer que diciéndoles que la vida cristiana hace que la gente sea mejor? No digas que les desobedeces por cuanto eres cristiano y ellos no lo son. Jesús dijo que los cristianos guardan los mandamientos de él, y uno de ellos es el de obedecer a los padres. Esto no se refiere a un consejo. Todo lo que tus padres te digan que hagas tienes que hacerlo, con alegría, por amor a Jesús. Debes obedecer todo, excepto un mandamiento específico a pecar. Si piensas que Jesús quiere que hagas algo, pero no tienes mandamiento bíblico para hacerlo, y tus padres no quieren que lo hagas, tienes que orar: "Señor, pienso que tú quieres que haga esto, pero sólo son mis sentimientos. Tu Palabra dice que debo obedecer a mis padres por amor a ti, por cuanto esto es justo (Efesios 6:1-3). Voy a obe-

decerles, por cuanto así me lo dices en tu Palabra. Si realmente quieres que yo haga lo que pienso, quiero que cambies la manera de pensar de mis padres al respecto. Tu Palabra dice que tú puedes hacer eso (Proverbios 21:1). Pongo esto en tus maravillosas manos, y espero tu solución".

5. *Haz todo el trabajo que sea desagradable en tu hogar*. Hazte cargo de las tareas desagradables. Vé la segunda milla (Mateo 5:41-48). Lava los platos como si fuera para Jesús. Limpia tu cuarto como si fuera para Jesús. Corta la grama como si fuera para él. Saca la basura como si fuera para Cristo. Haz todo por amor a él. Cuando te llegue la oportunidad de dar testimonio de él, entonces estarás en condiciones de hacerlo. Querrán *oir* acerca del evangelio que han *visto* en tu propia vida diaria.

5

¿QUE LE OCURRIRA A NUESTRO MUNDO?

Había durado muchos años, pero finalmente la guerra terminó. La gente dijo: "No puede volver a ocurrir. Tenemos que construir un mundo mejor. Tenemos que construir una nueva era valiente, digna de los sacrificios de los que murieron en espera de ella". Así nació la esperanza de la edad de oro. Los poetas escribieron en cuanto a ella, los actores dramatizaron ese sueño, los cantantes le hicieron canciones. Finalmente, el hombre había aprendido su lección. Ahora edificaría una utopía, ¡el planeta perfecto!

Pasaron los años. El sueño enfermó y murió. No ocurrió; ellos sabían que no ocurriría. El mundo estaba aún desgarrado entre los extremos de la pobreza y el hedonismo. El gobierno era aún corrupto. La civilización comenzó a derrumbarse de nuevo, mientras la putrefacción carcomía las suturas espirituales de la nación. La religión había fallado. Aunque la mayoría de las personas colocaron una señal que indicaba un lugar de adoración, eran en su gran mayoría, ateas. En vez de seguir la religión, miles de personas se volvieron hacia la magia. Los horóscopos, la astrología y la adivinación se volvieron comunes. Otros, burlándose de la brujería, se volvieron a la filosofía y a la ciencia en busca de soluciones, pero las escuelas de pensamiento estaban desiertas, y la ciencia no daba esperanza. El hombre comenzó a establecerse en las tinieblas de una negra desesperación.

Sin embargo, aquel era un mundo con avances únicos en la ciencia. Había un gobierno mundial, un sistema mundial de comunicaciones, transporte universal y una lengua mundial básica. Pero a pesar de todos estos progresos, el temor se cernía como una nube sobre los hombres. Las personas tenían miedo de exponerse, le tenían miedo a la vida, y, sobre todo, a la muerte. El sepulcro era un tema del cual nadie quería hablar y en el cual rara vez trataban de pensar.

¿Cuándo sucedió? En el año 25 d. de J. C. ¡O tal vez será en el año 2000 d. de J. C.!

¿Qué le ocurrirá a nuestro mundo? ¿Desaparecerá en una inmensa cadena de nubes con forma de hongo, o sólo con un lloriqueo? ¿Se pondrá tan mala la contaminación que el hombre finalmente se asfixiará hasta morir en su propia basura? ¿Tiene que vivir el discípulo de Jesús con un porvenir incierto y con una ciega esperanza de que algo pudiera ocurrir? ¡Gracias a Dios que no! La Biblia es diferente a cualquiera de los grandes libros religiosos, y una de sus diferencias claves es la ventana que tiene abierta hacia lo futuro. Uno de cada siete versículos bíblicos nos dice algo con respecto a lo que ocurrirá en la historia, lo cual es una demostración de la asombrosa sabiduría y capacidad de Dios para prever lo futuro. No necesitamos echar las cartas Tarot, ni revisar los horóscopos, ni estudiar las estrellas. Dios ya nos ha dicho lo que le sucederá a nuestro mundo. Al saber esto, podemos vivir con el temor reverente y el asombro de saber lo que ha de suceder en la historia, *antes* de que acontezca.

La Biblia *no* nos da un porvenir de esperanza para el sistema mundial contaminado que los hombres egoístas han creado. El sueño del "nuevo mundo valiente" se mantendrá en retroceso hacia la misma aterradora pesadilla antigua. Los discípulos le preguntaron a Jesús qué sucedería al fin del mundo. El les dijo lo que vendría. Las guerras aumentarían. Las hambres se presentarían en la medida en que la explosión de la población mundial se extendiera hasta el límite de los recursos de la tierra. Aparecerían nuevas enfermedades extrañas. Los terremotos mecerían al mundo en lugares remotos (Mateo 24:6, 7).

Pero no será el hombre el que producirá el fin del mundo. El destino no está en las manos de algún líder militar loco que ponga sus dedos en los botones de un sistema nuclear de proyectiles balísticos interncontinentales. Dios está encargado de la historia. Nada sucederá sin su permiso. Las naciones cambiarán para adaptarse a los propósitos de él. El retiene el control de todos los asuntos de su creación. Y aunque su corazón ha estado airado y ofendido por el egoísmo de esta raza rebelde, él no permitirá que ella se liquide por su propia cuenta. Cuando tenga que ser liquidada, él hará el envolvimiento final. Y sólo él tiene la última palabra cuando las cortinas tengan que caer.

La Biblia nos dice que debemos estar alerta con respecto a algunas cosas de los últimos días. Según los estudios culturales, parece que el mundo se está dividiendo en dos grupos de personas. Unos son pensadores: están embelesados con las promesas de la ciencia. Estos arriesgan sus vidas y su futuro con la esperanza de que la tecnología traerá alguna clase de solución para el hombre. Sus soluciones son: granjas que produzcan alimentos, tratamiento del agua para tranquilizar las poblaciones, la ingeniería genética para descartar los especímenes débiles y reproducir asexualmente los fuertes. La ciencia ha llegado a ser una vaca tan sagrada para el pueblo que, cuando un científico habla como hombre, lo oyen como si fuera un dios. Hay otros pensadores que son más violentos. Piensan que los problemas del hombre vienen de la sociedad que ha construido; así que quieren quemarla, con la esperanza de que de algún modo surja un nuevo mundo de las cenizas del antiguo.

Pero los diversos pensadores no están de acuerdo en cuanto a cómo debe cambiar el mundo. Necesitan un líder, alguien que pueda dominar a la vez la tecnología y la fuerza, un genio militar y superpolítico que sepa el arte de controlar al pueblo. Si tal hombre se apareciera, contaría con la lealtad mundial de los pensadores.

El otro bando de personas se ha ido hacia el mundo místico para hallar significado. A ellos les importa la tierra, pero les importa más lo relativo a los individuos que forman nuestro planeta. Sus campañas se centran en la búsqueda del amor, de la belleza, de la verdad, de los valores y del significado. Tienen un hambre profunda de descubrir los secretos de la armonía humana y de la realidad espiritual. Honran los poderes ocultos y las fuerzas sobrenaturales.

Pero éstos también están sin líder. También quieren a un superhombre. Si éste se presenta, hallará un mundo de adoradores que lo esperan. Pero tendrá que ser un hombre que tenga mayores facultades místicas y sobrenaturales que todos los demás líderes que lo han precedido. Tendrá que ser uno que pueda unificar a las facciones de las sectas que están en guerra unas con otras; que combine todas las iglesias y todos los credos; que introduzca una sola experiencia sistematizada y una comprensión que coloque a todos los místicos de este mundo en el mismo campo básico. Tendrá que tener poderes sobrenaturales que vayan más allá de lo que puede producir la ciencia de la tierra. Tendrá que ser un hombre que pueda ser aceptado por todos los credos, menos por aquellos que pertenecen al verdadero Jesús de la Biblia.

Lo extraño con respecto a estos dos bandos es lo

siguiente: los dos se necesitan mutuamente, aunque al presente están divididos. Los pensadores están buscando soluciones para su historia y para la sociedad, pero están perdiendo las soluciones para el hombre. Los que se guían por los sentimientos están buscando soluciones para la búsqueda individual de significado, pero no tienen soluciones para la sociedad integralmente. Lo que el mundo quiere es un par de líderes que puedan unificar estos dos campos separados, y luego formen una lealtad para unificarlo.

Y esto es lo alarmante: Jesús dijo que tales hombres vendrían. Lo que el mundo está deseando es otro "Cristo". Vendrá un hombre para unir las naciones militar y económicamente. Vendrá otro con poderes sobrenaturales, un "rey de los hechiceros", el cual podrá hacer maravillas tan grandes que todo el mundo religioso lo adorará.

Los dos harán una alianza y unificarán el mundo. Pero será un mundo sin el verdadero Dios, un mundo que estará unido en su desafío a la verdad bíblica. Será un mundo que habrá rechazado al Cristo real, y habrá entronizado en su lugar al farsante satánico. Y sólo los discípulos reales de Jesús podrán saber la diferencia. Ya casi estamos en ese tiempo. Lo que vemos en nuestro mundo ahora es un cumplimiento literal de las palabras de la Biblia. Nuestra generación puede tener la última oportunidad de ver a Dios sacudiendo a las naciones con un avivamiento real antes que regrese el Jesús real.

Y él vendrá. Esa es la gran esperanza de la Iglesia: esa es la gran oración de todo discípulo de Jesús. ¡Jesús vendrá! Establecerá su nuevo mundo, un mundo sin guerra, en que las naciones aprenderán la paz y doblarán sus espadas para hacer arados. Las señales de él están en el cielo. El último gran drama de los tiempos está a punto de producirse. Tú y yo hemos sido llamados al escenario en el tiempo más asombroso de la historia del hombre. Tú, que lees estas palabras, eres parte del último gran conflicto entre los poderes de los cielos y los poderes del infierno. Cuando Cristo venga, todo el mundo lo sabrá.

El Señor Jesús nos dio las siguientes palabras de advertencia: "Muchos tropezarán entonces, y se entregarán unos a otros, y unos a otros se aborrecerán. Y muchos falsos profetas se levantarán, y engañarán a muchos; y por haberse multiplicado la maldad, el amor de muchos se enfriará. Mas el que persevere hasta el fin, éste será salvo. Y será predicado este evangelio del reino en todo el mundo, para testimonio a todas las naciones; y entonces vendrá el fin" (Mateo 24:10-14).

La Biblia predice un gran despertamiento espiritual para combatir el incremento de los poderes ocultos. El Espíritu de Dios va a ser derramado sobre los jóvenes, sobre los siervos y sobre los viejos, los cuales tendrán sueños. En ese despertamiento estamos ahora. El movimiento de Jesús es sólo una pequeña demostración de lo que Dios va a hacer. Los despertamientos que se están produciendo alrededor del mundo: en Indonesia, en Africa, en Asia, en la América del Sur, detrás de la Cortina de Hierro y detrás de la Cortina de Bambú; sólo son mechas de la más poderosa explosión espiritual de todos los tiempos. Y podemos estar emocionados por el honor de participar en esto.

6

COMO CONOCER LA VOLUNTAD DE DIOS PARA NUESTRA VIDA

Desde el comienzo de la creación, cuando Dios lanzó las estrellas a la hondonada sin caminos del espacio, él tenía un propósito para ti, como una mínima parte de su inmenso propósito para la humanidad. El conocer y seguir el propósito de Dios para nuestras vidas trae el gozo y el fulgor de una vida guiada por Cristo. Si estás dispuesto, he aquí la manera de conocerlo.

1. *Asegúrate de que estás lleno del Espíritu de Dios.* Honestamente, sin esto, nunca podrás lograrlo. La diferencia entre la derrota y la victoria, entre el fracaso y el éxito, entre contar con dirección y andar a la deriva, está en conocer el poder del Espíritu Santo y ser sensible a su voz. Hay que pagar un precio: Dios quiere que te despojes de ti mismo y del pecado. El siempre está dispuesto a llenar tu corazón; pero tú no lo estás (Lucas 11:13). Sé honesto contigo mismo y con él. Sé serio. Confiesa tu pecado y pídele perdón. Luego, en la misma forma como le pediste a Cristo que entrara en tu corazón, pídele al Espíritu Santo que inunde tu alma con poder divino. Es imposible estar en el centro de la voluntad de Dios continuamente sin conocer la guía del Espíritu Santo. El es la Guía Maestra y la dinamita del poder de Dios.

2. *Asegúrate de que te has entregado completamen-*

te a la voluntad de Dios. ¡No es lo que tú quieras, sino lo que él quiere! Dios no puede dirigir una vida que no quiere ser dirigida. Tienes que pedirle que dirija tu voluntad totalmente. Ahora bien, ¿es razonable esto? El sabe lo que el futuro te tiene deparado, y tú no lo sabes. ¿Y quién está mejor equipado para manejar tu vida, tú o Dios? El tiene toda la sabiduría, el poder y la capacidad de estar contigo dondequiera que vayas. No hay nada demasiado difícil para él. Nunca ha cometido un error. Nunca tuvo que decir: "Yo no sé". Y nunca ha hecho una decisión egoísta. No tienes que temer rendirte a él. El es un Padre amoroso, bondadoso y compasivo que anhela tu mayor felicidad y santidad. Haz de eso un motivo de sincera y genuina oración y de examen de conciencia. Luego, dile que estás dispuesto a ir a donde él quiera que vayas, y a hacer lo que él quiera que hagas, sin importar el costo. Si no tienes ese propósito en serio, no ores. Dios tomará en serio cualquier promesa que le hagas.

3. *Considera el costo.* Un cristianismo a medias no tiene poder ni regocijo. Todo o nada, es la norma de compromiso de Dios. Dios nunca utiliza a personas de las cuales él pueda librarse fácilmente. Nunca hace negocios con personas que no sean serias con él. Ahora bien, ¿estás tú dispuesto? Piensa específicamente. ¿Estás dispuesto a abandonar el hogar? ¿A abandonar tus derechos a un hogar? ¿Estás dispuesto a abandonar amigos, familia, planes de matrimonio? ¿Estás dispuesto a descartar una carrera especialmente lucrativa e importante que has seguido desde pequeño? Recuerda la historia de Abraham. Tal vez Dios no te pida que abandones o sacrifiques tus derechos en cualquiera de estos casos, pero a menos que estés dispuesto, honestamente dispuesto a hacerlo, olvídate de que él te usará alguna vez. Esto te va a ser difícil, realmente difícil. Pero si realmente tratas en serio con Dios, y

en realidad lo haces, no querrás que sea de otra manera. Las mejores cosas son las que más cuestan.

4. *Está dispuesto a que te llamen necio.* El hacer la voluntad de Dios es algo que a menudo va contra las ideas del mundo egoísta. Generalmente, la voluntad de él cuadra perfectamente con nuestras mentes y pensamientos. Algunos cristianos no hacen cualquier cosa porque dicen que no conocen la voluntad de Dios. Pero no siempre necesitamos esperar una voz del cielo cuando el sendero del servicio está claro. Dios nos dio sentido común y espera que lo usemos. Generalmente, la voluntad de Dios se manifiesta mediante una dirección general en la cual nos deja con bastante libertad en el trabajo para él.

¡Sin embargo, algunas veces sus palabras atraviesan el pensamiento humano e incluso van contra éste! Esta es la guía procedente de la intuición, como si nuestros espíritus estuvieran conectados con el Espíritu Santo, quien ha prometido guiarnos a toda la verdad, si obedecemos la Biblia.

Esto es sentir en el espíritu lo que hay en el corazón de Dios. A las personas que conocen la voz de Dios pueden llamarlas necias por obedecerlo, pero serán necias de Dios y verán su poder.

5. *Asegúrate de que tienes una conciencia limpia con respecto a lo pasado.* La voz de Dios será obstaculizada si hay aún cosas pecaminosas en tu vida, con respecto a las cuales él te ha estado instando que las arregles. ¿Cómo puede él mostrarte más, si no has obedecido en las cosas pequeñas?

Cada vez que te arrodilles a orar, el dedo de su Espíritu te señalará de nuevo el deber claro que tienes de purificarte en ese aspecto y arreglarte con Dios. Una conciencia limpia es un imperativo para poder distinguir entre la voz de Dios y la del enemigo. Muchos no conocen la voluntad de Dios por causa de que tienen pecados no confesados. A él sólo puede verlo "el puro de corazón".

6. *Dedica diariamente tiempo a la oración y al estudio de la Palabra de Dios.* La Palabra de Dios es la base total para recibir la guía. Contiene principios y normas casi para cualquier asunto de la vida. La *voluntad* de Dios se indica claramente en su *Palabra.* El estudio bíblico nos muestra lo que Dios espera de nuestra vida diaria, y la mayor parte de los principios bíblicos pueden aplicarse directamente a la vida. Ninguna dirección de Dios quebrantará jamás la cerca de las leyes bíblicas. La libertad para seguir al Señor Jesús siempre está en las huellas de lo recto. La oración nos enseña cómo es Dios y cómo suena su voz. Muchos no reconocen el llamado de Dios simplemente porque nunca han tomado el tiempo para hablar realmente con él lo suficiente como para saber cómo es él. No es suficiente saber acerca de él; hay que conocerlo.

7. *Pídele que te muestre su voluntad.* No esperes que Dios siempre te detalle todo, o que te diga por adelantado todo lo que te tiene reservado. En la medida en que cambian las decisiones de los hombres, así Dios cambia su manera de obrar. No te disgustes con Dios porque él no te indica un programa diario para los próximos cinco años de tu vida. Tal diario es imposible por cuanto eres una crietura mortal.

Toda decisión que tú hagas trae a la existencia nuevas creaciones en el universo de Dios. Dios usará estas decisiones para cumplir sus propios propósitos. Pero como tales creaciones no existen hasta que tú realmente hagas la decisión, es imposible darte un diario detallado de tu vida para lo futuro. En las Escrituras no hallarás las palabras *plan* ni *anteproyecto.* Fuiste hecho como un agente libre para decidir, y por esta razón, es importante que aprendas a conocer la voz de Dios en la vida diaria. Puedes esperar guía con respecto a lo que tienes que hacer de inmediato, ¡pero tal vez él no siempre te indique lo que te corresponde hacer el próximo año! Y no te apegues a las palabras o a las definiciones de tu ministerio para él. Dios puede llamarte a hacer alguna cosa, y posteriormente cambiar, si él piensa que estás mejor equipado para desempeñar otra tarea. De lo único que puedes estar seguro es de que él te usará donde él quiera, y que puedes esperar que él te indique lo que debes hacer en cada circunstancia.

8. *No te impacientes demasiado*. La andanza con Dios va paso a paso. El nunca te olvidará. Sus promesas no se retardarán. Las fallas sólo pueden provenir de tu lado. Pero nunca tiene que haber desánimo, ni el sentimiento de que no has hallado la voluntad de Dios, si tú *quieres* conocerla; si con todo corazón *quieres* conocer cuál es tu tarea para el presente.

7

LAS MANERAS COMO DIOS NOS HABLA

"Mis ovejas oyen mi voz, y yo las conozco, y me siguen" (Juan 10:27).

Estudia tú a los hombres y a las mujeres por medio de los cuales Dios cambió la historia. No tuvieron nada especial. No muchos fueron sabios según la manera del mundo. En sus filas no encontrarás a muchos que fueran naturalmente dotados. Pero todos tuvieron una cosa en común: supieron cuál era la voluntad de Dios para su generación y la cumplieron.

Los que Dios usó en el pasado fueron personas ordinarias que tuvieron un Señor extraordinario. No fueron campeones de gran fe, sino personas pequeñas que pusieron su fe pequeña en un gran Dios. La fuerza que los motivó fue la convicción firme de que Dios los había llamado a su obra, y que mientras ellos fueran fieles a ese llamado, él obraría con ellos y a través de ellos contra los obstáculos imposibles para lograr la victoria.

La Escritura es la historia de hombres y mujeres comunes que descubrieron la voluntad de Dios para ellos. El suplantador Jacob tuvo un encuentro con el Angel del Señor. El ostentoso José, del manto multicolor, tuvo un sueño. El fracasado Moisés vio una zarza que ardía y no se consumía. El desobediente Balaam oyó a una asna que hablaba. Pablo vio una luz cegadora. El pequeño Samuel oyó una voz. El anciano Juan tuvo una visión. Dios habla de muchas maneras. El no ha cambiado; puede volver a hacer lo que ha hecho. Puede hablarte a ti, y tú puedes reconocer su voz.

En primer lugar, ¿has cumplido fielmente las condiciones básicas para recibir la guía del Señor? Haz esto primero; Dios no puede hablarte si aún hay pecado en tu corazón, o derechos que no has rendido, o algo que él te ha dicho que hagas y no has hecho. Purifícate primero delante de él.

Ahora bien, se necesitaría mucho tiempo para entrar a considerar todas las diferentes maneras en que Dios ha guiado hasta ahora a su pueblo. Aun más tiempo se necesitaría para indicarte cómo estar seguro de que en cada caso esa fue la voluntad de Dios. Pero si has dedicado tiempo a la meditación en la Palabra de Dios y tu corazón es realmente honesto delante de él, puedes tener la seguridad de que él te guiará. Entrégale tu camino a él. A continuación te anoto algunas cosas sencillas que debes recordar con respecto a la guía que procede del Espíritu de Dios:

1. *Dios nunca obra en forma misteriosa.* De él no vienen voces parecidas a las de una cámara de resonancia, ni extrañas apariciones, ni pavorosas visiones o sonidos que producen miedo. El Padre siempre guía a sus hijos bondadosa, amorosa y prácticamente. En cualquier cosa que haga, él nunca hace alarde. El es bondadoso, amable, amoroso. La voz de Dios es la voz del Buen Pastor que da su vida por las ovejas. Ten cuidado con cualquier consejo que parezca tenso, duro o extraño. Dios es muy normal y espiritualmente natural en sus caminos (ver 1 Samuel 3:4, 5; Juan 10:14, 16, 27, 28). El pequeño Samuel pensó que Dios era Elí, su padre espiritual.

2. *Nunca hagas decisiones apresuradas.* Si *tienes* que dar una respuesta *ahora* mismo, y no tienes

tiempo para pensarlo detenidamente, y para orar sobre ello, niégate a hacer la decisión. No puedes darte el lujo de actuar en cualquier cosa empujado por la presión. La Biblia dice: " . . . el que creyere, no se apresure" (Isaías 28:16). No debemos actuar con apresuramiento en palabras, ni de corazón ni en espíritu (Proverbios 14:29; 29:20; Eclesiastés 5:2; 7:9). La Biblia también dice: " . . . todo lo que no proviene de fe, es pecado" (Romanos 14:23). Nunca decidas hasta que estés seguro, o tengas una convicción razonablemente firme de que Dios está en el asunto. Ten cuidado con todas las voces que te hacen exigencias o te dan órdenes o te exigen obediencia irreflexiva. Ninguna voz que se mantenga machacando en tu mente como un comentario continuo viene de Dios. No actúes hasta que tu corazón tenga plena paz y se sienta tranquilo por la decisión. La Biblia dice: "Porque no nos ha dado Dios espíritu de cobardía, sino de poder, de amor y de dominio propio" (2 Timoteo 1:7; 1 Juan 4:18). Esto significa que aunque tengamos que actuar con fe, nunca debemos actuar con intranquilidad, perturbación o temor. No hagas decisiones apresuradas.

3. *Dios nunca obra de un modo indeciso.* No se mantiene cambiando sus instrucciones. Si lo que oyes es la voz *de él,* puedes esperar una clara instrucción, y luego puedes esperar el silencio que indica que él está esperando que tú obedezcas. Dios nunca se confunde. El siempre es franco y va directamente al grano. Si estás confundido con respecto a la guía divina, probablemente se deba a que ya sabes qué es lo que él quiere que hagas, y estás buscando algún modo más fácil para salir del asunto o alguna excusa para no hacerlo.

4. *El Espíritu Santo nunca te deprimirá, ni te apagará, ni te excitará sensualmente.* El no te guiará cuando tus pensamientos no sean correctos. Nunca busques la guía de Dios a través de cualquier medio

que te exija cerrar la mente. Dios habla a la vez a nuestras mentes y a nuestros corazones. Tenemos que estar alerta y activos. El nos ha pedido que verifiquemos lo que pensamos que son hechos: los hechos de su Palabra y hechos provenientes de lo que sabemos que es bueno y verdadero. Debes estar alerta contra cualesquiera sugerencias que te lleguen a la mente y que te empujen hacia cosas excéntricas con respecto a la comida, la ropa, lo sexual o la manera de actuar.

A veces, el enemigo tratará de engañar al cristiano joven lanzándole falsas compulsiones que a primera vista parecerán como real dirección de Dios. Tienes que estar alerta contra los pensamientos que son inyectados en tu mente. Si algo te viene como un golpe inesperado, y no tiene relación con nada de lo que has estado pensando o haciendo; o si es una insinuación a hacer algo extraño o raro, reflexiona detenidamente y con mucho cuidado. Muy bien pudiera venir del lado del diablo. Ten cuidado con cualquier cosa que tienda a humillarte o a engrandecerte. Las dos son formas de orgullo, y son los primeros pasos que atraen el ataque de Satanás disfrazado como dirección divina.

5. *Lo más importante: La dirección de Dios nunca quebrantará sus propias leyes, ni irá contra lo que él ha dicho en su Palabra.* "¡A la ley y al testimonio! Si no dijeren conforme a esto, es porque no les ha amanecido" (Isaías 8:20). Todos los problemas fundamentales que tengas con respecto a la guía de Dios se pueden resolver en las páginas de la Palabra de Dios. *La voluntad* de él se revela en *su Palabra.* Cuando no tengas suficiente luz sobre alguna cosa, camina dentro de los amplios principios de la obediencia a las Escrituras, y Dios siempre te hará penetrar exactamente lo que quiere decirte. Nunca necesitarás guía, por ejemplo, en cuanto a si debes mentir, robar o ser sexualmente inmoral. Ya sabes lo que el Libro de él dice al

respecto. Y tal es la única guía que necesitas sobre ese tema.

Cuando necesites cualquiera otra cosa que no esté específicamente expuesta en su Palabra, él te la indicará en la manera que le plazca. Si estás completamente rendido a él, puedes esperar sus instrucciones tan ciertamente como puedes esperar que salga el sol.

6. *Recibe la dirección de él, no de un amigo cristiano ni de ninguna otra persona.* Ninguna otra persona puede guiarte como discípulo de Jesús. Lo único que pueden hacer tus amigos espirituales es aconsejarte e instruirte con la ayuda de las Escrituras. La Biblia da serias advertencias con respecto a poner atención a los hombres sin primero buscar el rostro de Dios con referencia a un asunto. Dios te puede guiar a través de tu lectura bíblica diaria. Puede hacerte recordar algún versículo bíblico que hayas aprendido con el fin de ayudarte a decidir en determinada situación. Pero no tengas temor de actuar cuando algo deba hacerse por cuanto tienes miedo de salirte de la voluntad de Dios. A ambos lados de la dirección divina feliz hay un extremo que no es sano. Por un lado está el apresuramiento necio sin tomar tiempo para esperar en Dios; por el otro está la preocupación por cada motivo y por cada decisión, y el temor de actuar cuando los principios bíblicos son simples y claros. En cualquier tiempo puedes hacer cualquier cosa que te indique la Biblia. Esto no necesita la guía especial de Dios, sino la obediencia ordinaria.

Cuando necesites conocer la voz del Señor en una decisión especial, y quieres estar seguro de que es la voz *de él,* y no la del enemigo, utiliza este método que te ayudará a oirlo hablar a tu corazón y a tu mente:

1. *Muere a tus propios deseos.* Toma algún objeto concreto: una Biblia, un libro o un trozo de papel. Utilízalo como símbolo de tus propios sentimientos e

ideas sobre el asunto. Colócalo en un lado, sobre un anaquel o en algún rincón de la habitación, y mientras lo haces, dile al Señor: "Señor Jesús, esto representa todo lo que tengo en mi mente y en mi corazón ahora mismo. Lo coloco aquí para que lo juzgues. Deseo morir a estas ideas y sentimientos de mi mente, sean buenos o malos. Decido entregártelos. Te los entrego. Por fe, te pido que los crucifiques para mí".

Decide morir a ellos; luego, extiéndete en la fe, y *cree* que Dios realmente los condenó a muerte para ti. Considérate como muerto, totalmente muerto a tus propios sentimientos o ideas sobre el asunto.

2. *Ríndete a Dios.* Ora: "Señor, me someto a ti. Te doy mi mente y mi corazón para que me dirijas y me guíes. Confieso ante ti que soy tu hijo y tú eres mi Padre celestial. Simplemente me coloco por completo en tus manos ahora mismo. Límpiame de todo pecado. Te entrego todos mis derechos. Quiero hacer lo que tú quieras que haga". Sométete totalmente a Dios.

3. *Con fe, resiste al diablo.* Toma tu posición en el nombre del Señor Jesús. Cada hijo de Dios tiene un puesto de poder con Cristo, la Cabeza de la Iglesia, en los lugares celestiales (Efesios 1:17-23; 2:1-7). Afírmate en esa autoridad. Usa un versículo bíblico para resistir al diablo, para hacerlo huir de tu conciencia. Di: "Satanás, la Biblia dice: 'Someteos, pues, a Dios'. Yo ya hice eso. Luego dice: 'Resistid al diablo, y huirá de vosotros'. No soy yo el que dice eso. Jesús lo dijo. Su Palabra lo dice. El hizo esa promesa, y *tú* tienes que obedecer. En el nombre de Jesús y con su autoridad, te resisto y te ordeno que retires todos tus pensamientos y sugerencias de mi mente. Está escrito: '. . . mayor es el que está en vosotros, que el que está en el mundo' " (Santiago 4:7; 1 Juan 3:8; 4:4; 1 Pedro 5:6-9).

Haz esto sencilla y claramente, y sin hacer preguntas. Convierte eso en un mandamiento con el poder de Dios. Jesús respaldará sus promesas. Sentirás paz y alivio de la tensión cuando hayas sido liberado de las presiones y sugerencias de Satanás.

4. *Ya no queda ninguna otra voz, sino la de Dios en tu mente.* Toma por fe la mente de Cristo (1 Corintios 2:16). Pídele a Dios: "Padre, he hecho lo que me pediste. Soy tu hijo, y me prometiste que me hablarías y me mostrarías lo que debo hacer. Si te place indicármelo ahora, pon en mi mente y en mi corazón lo que tienes en tu corazón para mí". Sigue la primera instrucción clara y definida que recibas. ¡Haz lo que él te dice!

8

NO VIVAS COMO EL MUNDO

"No os conforméis a este siglo, sino transformaos
por medio de la renovación de vuestro entendimiento, para que comprobéis cuál sea la buena voluntad
de Dios, agradable y perfecta" (Romanos 12:2).

¿Qué es el "mundo" en este caso? No es el planeta
Tierra que nos dio Dios para que lo disfrutáramos. En
toda su Palabra, Dios nos advierte que no vivamos
como el mundo que nos rodea. "La religión pura y sin
mácula . . . es . . . guardarse sin mancha del mundo"
(Santiago 1:27). ". . . el cual (Jesús) se dio a sí mismo
por nuestros pecados para librarnos del presente siglo
malo (o mundo)" (Gálatas 1:4). "Pero lejos esté de mí
gloriarme, sino en la cruz de nuestro Señor Jesucristo,
por quien el mundo me es crucificado a mí, y yo al
mundo" (Gálatas 6:14).

Según las porciones bíblicas citadas, el mundo es el
sistema de ideas y maneras de vivir que son malas,
que se oponen a Dios, que están dominadas por el diablo y que conducen al infierno. El verdadero discípulo
de Jesús ha sido salvo de esto, y tiene que negarse a
vivir como el mundo, mantenerse aparte de él y contra
él. No existe el mal llamado "cristiano mundano".
Dios dice: "Si alguno ama al mundo, el amor del
Padre no está en él" (1 Juan 2:15).

El hecho de vivir como el mundo no tiene nada que
ver con las *cosas*. La vida mundana es una actitud del
corazón. Es un espíritu de entrega a una manera de

vida egoísta. Es adaptarse a las normas de la gente, en vez de vivir como Jesús. El verdadero discípulo de Jesús no vive como el mundo que lo rodea. Si quieres servir a Jesús, no te adaptarás a los caprichos y modas de la sociedad egoísta. Tomarás tus normas del Señor Jesús y de su Libro, la Biblia.

Resiste a la tentación de hacer lo que está de moda en determinado tiempo. El camino de la multitud generalmente es el equivocado. El discípulo de Jesús ha sido llamado para ir contra la multitud. El mundo se opone a Dios. Si queremos seguir al Señor Jesús, tenemos que oponernos a los caminos del mundo. Recuerda que si todos los que son egoístas están a favor de ello, Dios generalmente está contra ello.

No trates de hacer la obra de Dios según los métodos del mundo. Hay muchas cosas que podemos usar para que Jesús haga su obra de una manera mejor. El grabador, la televisión y las películas han sido utilizados por Jesús para atraer la gente hacia él. Nadie piensa que en el mundo moderno debemos usar bueyes y carretas, en vez de carros y aviones, para ir a los lugares donde Dios quiere que vayamos. Algunas cosas pueden emplearse para que la tarea de ganar al mundo para Cristo sea más sencilla. Pero no hay ningún método que pueda hacer más fácil la tarea de tocar y cambiar las vidas de las personas. Eso le costó a Dios su propio Hijo. A Jesús le costó su vida. El hecho de anunciar a Jesús siempre nos costará algo a nosotros también. No te rindas a las maneras en que el mundo hace sus cosas. No debemos hacer que el costoso don de la vida de Dios se haga barato a causa de los métodos mundanos.

Algunas veces, los discípulos de Jesús siguen los métodos del mundo sin saberlo. Cualquier cosa que esté de moda, se esfuerzan por demostrar que Jesús dice lo mismo. Si las drogas están de moda, les es fácil decir: "Jesús también te alucinará. Puede causarte una gran fascinación". Es bueno hablar en términos que el mundo pueda comprender. Siempre debemos usar palabras que los perdidos puedan entender. Pero no tenemos la libertad de meter a Jesús y sus normas en el molde de otro. El es la norma en conformidad con la cual tienen que medirse todas las vidas. Y servir a Jesús no es una fascinación, no es sólo una manera de sentirse uno bien o de olvidarse de los problemas. Si lo que está de moda es el cabello largo, todos dicen que Jesús tuvo el cabello largo, sin siquiera leer primero la Biblia para saber lo que dice al respecto. ¿Qué haremos si se ponen de moda *las calvas*? No atemos al eterno Dios a los caprichos cambiantes del mundo. El no cambia, es el mismo.

Ahora bien, sé que es difícil sentirse uno solitario. Muchos de los jóvenes de hoy venderían más bien sus almas que sentirse fuera de la multitud. Más bien se mezclarían con una multitud de corrompidos, si el salirse de ella significa quedarse solo para hacer lo bueno. La cultura juvenil demuestra un constante cambio de una idea a otra, una serie de búsquedas para unir a la juventud fuera de Dios. Casi las únicas cosas que la mayoría de estas ideas tienen en común es que son cosas que los muchachos pueden hacer conjuntamente. La mayoría de estas ideas llegaron a ser sólo lo que estaba de moda en ese momento y no se practicaban con seriedad.

La necesidad de ser aceptado puede convertirse en una propensión real. Puede ser tan fuerte como las drogas alucinantes o como la sexualidad. Y Satanás lo sabe. Si él puede hacer que Jesús sea sólo otra moda, si puede hacer que el evangelio sea sólo una cubierta para unir a las personas sin que sientan la necesidad de un cambio en sus corazones, tendrá éxito en su empresa de usar el evangelio contra el evangelio. Si los muchachos pueden unirse en torno a Jesús, pero no porque realmente creen en él ni actúan conforme a sus palabras, sino porque eso es lo que une a la gente, Satanás puede engañar al mundo. Mira alrededor de ti. Jesús está siendo vendido por razones equívocas y está siendo traicionado. No se lo presenta como una amenaza para la vida perversa o para la alucinación de las drogas; sino sólo como el próximo paso en la tendencia evolutiva para "unir todo". No, señala esto claramente. Si seguimos al Jesús de la Biblia, no iremos por el camino de la multitud. Este es el camino del infierno y de la muerte. El discípulo de Jesús es la persona que se levanta contra la multitud.

9

¿QUE DIREMOS DE LA GUERRA?

"Si Dios es un Dios de amor, ¿por qué no detiene la guerra?" ¿Has pensado alguna vez en eso?

Las guerras son terribles manchas en las páginas de la historia del hombre. En los últimos 4000 años ha habido menos de 300 años de paz. ¿Por qué van los hombres a la guerra? La Biblia nos dice de dónde vienen las guerras. "¿De dónde vienen las guerras y los pleitos entre vosotros? ¿No es de vuestras pasiones, las cuales combaten en vuestros miembros? Codiciáis, y no tenéis; matáis y ardéis de envidia, y no podéis alcanzar; combatís y lucháis, pero no tenéis lo que deseáis, por que no pedís. Pedís, y no recibís, porque pedís mal, para gastar en vuestros deleites" (Santiago 4:1-3).

La Biblia dice que las guerras vienen del egoísmo. Si los hombres no fueran egoístas, no existiría la guerra. Dios se siente apesadumbrado por las guerras que los hombres libran. La muerte, el derramamiento de sangre y la separación no estuvieron en los deseos de él para su mundo. Pero él nos dio la facultad de elegirlo, de aceptarlo o de rechazarlo y negarlo. Si podemos ser buenos, el camino está siempre abierto para que seamos malos. Si los hombres insisten en ser egoístas, las guerras tienen que ocurrir.

"¿Por qué Dios permite la guerra?" La respuesta

para esa pregunta es también una respuesta para otra: "¿Por qué Dios permite que los hombres hagan lo malo?" Ambos problemas tienen la misma respuesta. Si realmente hemos de ser libres, tenemos que ser libres tanto para escoger lo malo como para escoger lo bueno. Y nosotros hemos hecho lo malo, a pesar de todo el cuidado, el amor y las advertencias que Dios nos ha dado con respecto al pecado.

¿Por qué Dios algunas veces envió a una nación a pelear contra otra en la Biblia, y algunas veces dijo a una que arrasara a la otra por completo? Pensemos en el famoso cirujano que tiene un amigo. El cirujano nota que hay un pequeño tumor en el dedo de su amigo. Las pruebas demuestran que tal crecimiento es un cáncer. El cirujano se preocupa por su amigo. También quiere conservarle el dedo. Somete el cáncer a tratamiento médico con el objeto de detener su crecimiento, pero no obtiene resultados. En vez de ello, sigue creciendo mucho más. ¿Qué puede hacer el cirujano? El cáncer ya está cubriendo todo el dedo de su amigo. El cirujano se enfrenta a una difícil decisión: o mantiene el tratamiento para el dedo con la esperanza de que se detenga el crecimiento del tumor, o tiene que cortarle el dedo a su amigo. Esto último significará que el dedo morirá, derramará sangre y será separado; pero es la única manera de impedir que el cáncer se coma todo el brazo y todo el cuerpo. Al fin tiene que decidirse por lo que piensa que es mejor, y actuar.

Ahora, piensa en lo que Dios siente. El pecado es como un cáncer. Es el resultado de algo bueno que Dios nos dio, y nosotros lo convertimos en malo. Si una nación peca contra Dios y comienza a infectar a otras, Dios tiene que decidir qué debe hacer con ella. Si las personas se apartan del pecado, Dios puede salvar a la nación. Pero si no se apartan, él tiene que decidir cómo va a detener al mal para que no se esparza. El puede utilizar a otras naciones como instrumentos para amputar este desarrollo mortal del resto de su mundo. Una de las maneras que él permite para esta amputación es la guerra. Algunas veces, la guerra despierta a los hombres de tal modo que pueden comprender cuán malos han sido.

Dios odia la guerra por cuanto ama a las personas que han sido lesionadas por ella. Nadie gana jamás una guerra. Pero cuando las personas no quieren ser prudentes y buenas, ¿qué puede hacer él? Lo único que puede hacer es permitirles que se agredan mutuamente, y que hieran el gran corazón de él, o meterse él mismo y detenerlas. Ahora bien, si hay dos personas que realmente quieren pelear, y tú te metes para tratar de detenerlas, ¿qué hacen ellas? Pelearán contra *ti*. Y si tú fueras *Dios*, y quisieras usar la fuerza, eso ni siquiera *sería* una pelea. Guerrear contra Dios significa ponerse fin a uno mismo, no importa cuán grande o fuerte sea uno. Así que Dios ha decidido más bien sufrir la herida, en vez de meterse entre los contendores.

¿Por qué no detiene él la guerra? El podría detener toda clase de guerra muy fácilmente. Pudiera detener todas las guerras del mundo en los próximos 60 segundos. Pudiera hacerlo simplemente cediendo a sus sentimientos heridos, y arrasar con ira a toda persona egoísta de la tierra. ¿Pero cuántas personas quedarían en 60 segundos para que disfruten de la nueva paz y tranquilidad?

El discípulo de Jesús cree que Dios va a detener la guerra. Las detendrá todas. Pero, como lo expresó C. S. Lewis, "cuando el Autor salga al escenario, el drama habrá terminado". Me pregunto si las personas que se quejan de que Dios está tomando mucho tiempo para detener la guerra, realmente saben lo que

eso significa. Cuando él regrese en persona a este planeta, será el fin del mundo. La Biblia nos dice: "El
Señor no retarda su promesa, según algunos la tienen
por tardanza, sino que es paciente para con nosotros,
no queriendo que ninguno perezca, sino que todos pro-
cedan al arrepentimiento . . . Pero nosotros espera-
mos, según sus promesas, cielos nuevos y tierra nueva,
en los cuales mora la justicia" (2 Pedro 3:9, 13).

10

EL PUEBLO DE DIOS Y EL GOBIERNO DE TU PAIS

"Sométase toda persona a las autoridades superiores; porque no hay autoridad sino de parte de Dios, y las que hay, por Dios han sido establecidas. De modo que quien se opone a la autoridad, a lo establecido por Dios resiste; y los que resisten, acarrean condenación para sí mismos. Porque los magistrados no están para infundir temor al que hace el bien, sino al malo. ¿Quieres, pues, no temer la autoridad? Haz lo bueno, y tendrás alabanza de ella; . . . Por lo cual es necesario estarle sujetos, no solamente por razón del castigo, sino también por causa de la conciencia" (Romanos 13:1-3, 5).

Con estas palabras nos dice Dios cómo tenemos que vivir los discípulos de Jesús bajo la dirección de los líderes de nuestros respectivos países. El mundo tiene muchas formas de gobierno. Dios no nos ha dicho cuál es la mejor por cuanto eso depende de la gente de cada país. Pero en el pasaje que encabeza este capítulo, la Biblia nos dice que Dios le dará a cada nación la clase de líderes que merece.

Las personas no se pueden unir, a menos que puedan conocer los mismos hechos y hacer lo mejor que puedan con lo que saben. La unidad se base en el conocimiento común y en la abnegación común. Puesto que todos no conocemos los mismos hechos, necesitamos que la gente nos muestre qué es lo verdadero y valioso. También tenemos que hacer lo bueno, así que la gente necesita que alguien pueda garantizar que todos hagan las cosas buenas. Esta es la razón por la cual necesitamos gobierno. Sin él, no puede haber verdadera paz ni libertad. Dios tiene su propio gobierno. Mientras la gente viva unida, tiene que haber alguna forma de guía e información. Sin eso, no podemos vivir unidos con felicidad. No podemos tener paz.

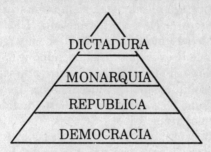

Cuando una nación tiene muchas personas que a la vez son sabias y buenas, Dios puede permitirle tener alguna forma de democracia. En una democracia, las personas se dirigen a sí mismas al hacer leyes que constituyen lo mejor para toda la nación. Si las personas son menos sabias y menos buenas, Dios puede permitir alguna forma de república, en que la nación escoge a pequeños grupos que les fijen normas de vida. Y si la nación es aun inferior en sabiduría y bondad, Dios puede permitir que un rey tome el control. A esto lo llamamos monarquía. Un rey tiene mucho más poder sobre el pueblo, y son menos las personas que le dicen qué es lo que debe hacer. Si un pueblo se aleja demasiado de Dios y del bien, si se vuelve necio y malo, Dios permitirá que un dictador se apodere del país. Un dictador es un hombre que asume el poder absoluto.

Esto es importante. Dios da a cada nación los líderes que merece. En Proverbios 8:15, 16, Dios dice: "Por mí reinan los reyes, y los príncipes determinan justicia. Por mí dominan los príncipes, y todos los gobernadores juzgan la tierra". Por cuanto Dios nos concede nuestra forma de gobierno, no le corresponde al cristiano atacarlo o tratar de derribarlo. Esa es la clase de gobierno que Dios sabe que más necesita nuestro país. Esto no significa que la persona que Dios permite que sea el líder será siempre buena y sabia, sino que será la clase de persona que Dios necesita para mantener unida a la nación. Debemos respetar la posición que Dios le ha concedido, aunque no estemos de acuerdo con todo lo que hace. Tal vez no sea cristiano en absoluto (como Nabucodonosor; Daniel 1-4), pero es el que Dios colocó en el puesto de líder, y por ello debemos respetarlo.

Por esta causa, debemos obedecer las leyes que nos dan nuestros líderes, con una excepción. Si un líder aprueba una ley que va contra las leyes de Dios, los discípulos de Jesús no sólo tenemos el derecho, sino la responsabilidad de desobedecerla. No sólo podemos desobedecerla, sino que tenemos que desobedecerla (Hechos 5:29). Ninguna ley es verdadera, a menos que admita que Dios tiene la palabra final en los asuntos humanos. Ninguna ley es verdadera, a menos que tenga sus raíces en la ley de amor de Dios. No podemos ni tenemos que obedecer cualquier orden que nos mande a ser egoístas o a pecar.

El Señor Jesús dijo: "Amarás al Señor tu Dios con todo tu corazón, y con toda tu alma, y con toda tu mente. Este es el primero y grande mandamiento. Y el segundo es semejante: Amarás a tu prójimo como a ti mismo. De estos dos mandamientos depende toda la ley y los profetas" (Mateo 22:37-40).

11

¿COMO PUEDEN CAMBIAR EL SISTEMA LOS CRISTIANOS?

Si nuestros líderes nos dicen que hagamos algo que Dios no ha prohibido, tenemos que hacerlo para honrar a Dios. Si desobedecemos porque no nos gusta, o porque pensamos que es muy difícil, estamos realmente desobedeciendo a Dios, por cuanto no estamos haciendo lo que él dice que hagamos.

Si pensamos que Dios quiere que hagamos algo distinto de lo que un líder nos pide que hagamos, y no hay nada que Dios haya dicho al respecto en su Libro para impedir que lo hagamos, tenemos que hacer algo diferente. Tenemos que pedir a Dios que cambie la manera de pensar de nuestro líder, a fin de que podamos a la vez obedecer y hacer lo que pensamos que Dios quiere que hagamos. La Biblia dice que Dios puede hacer esto cuando quiere. "Como los repartimientos de las aguas, así está el corazón del rey en la mano de Jehová; a todo lo que quiere lo inclina" (Proverbios 21:1). Si le pedimos a Dios que haga esto, y él dice que no, no debemos dejarnos guiar por nuestros sentimientos, sino por la Palabra escrita de Dios. Tenemos que hacer lo que él ha dicho, y obedecer a nuestras autoridades, aunque sea difícil, por amor a Jesús. Tenemos que cumplir lo que dice Jesús: "Dad, pues, a César lo que es de César, y a Dios lo que es de Dios" (Mateo 22:21).

¿Cómo podemos los cristianos cambiar el sistema? ¿No enseña la Biblia ningunos métodos por medio de los cuales podemos cambiar la manera de vivir el pueblo, y hacer así que nuestras normas sean más justas y nuestra vida más feliz? Pensemos en dos hombres que llegaron a Jerusalén. El uno era un revolucionario profesional. Era hábil en la violencia; conocía las tácticas del terror y la guerra. Llegó porque quería cambiar el sistema. Muchas cosas malas le estaban ocurriendo a su pueblo. El creía que podía cambiar el sistema. Incluso asesinó personas para lograrlo. Pero su revolución no fue eficaz. Fue arrestado y llevado a la cárcel. Se llamaba Barrabás. Puedes leer lo relativo a él en la Biblia, en Mateo 27:16-26; Marcos 15:7-15.

El problema de Barrabás estuvo en que, al tratar de cambiar el sistema, olvidó que él estaba dentro del sistema. El vio la avaricia, la injusticia y el mal en su nación. No le gustó lo que el sistema le hacía a él o a sus amigos. ¿Pero qué es el sistema? El sistema es el pueblo. Barrabás tenía en su mismo corazón aquello que odiaba en los demás. Y ningún sistema puede cambiarse hasta que halles la manera de cambiar al pueblo que está dentro de ese sistema. El problema de la revolución de Barrabás era que no era suficientemente revolucionaria. Trataba de cambiar lo externo, cuando el problema real era interno. Hacía frente a las hojas y las ramas del problema, pero no a la raíz. Y nadie puede realmente cambiar al mundo hacia lo mejor, hasta que él mismo haya sido cambiado en el mismo sentido. Nadie puede hacer que su mundo deje de ser egoísta, hasta que solucione el problema del egoísmo en su propia vida. ¿Cómo podía Barrabás derribar la avaricia, el robo y la invasión violenta de los derechos y las vidas de otras personas, cuando él mismo era un asaltante, un ladrón y un asesino?

Arrestaron, pues, a Barrabás. Pero también detuvieron al otro Hombre que llegó a Jerusalén. Había llegado a cambiar al pueblo. Su método no era el del odio y del temor. Sabía cambiar al pueblo interna- mente, de tal manera que el mundo se volviera exter- namente justo. Pero los ciudadanos le temían más a este Hombre que a Barrabás. Siempre es fácil hacer frente a hombres como Barrabás. Simplemente se le aplican la fuerza y la muerte. Pero no se puede hacer eso con el mensaje que Jesús trajo. Así que soltaron a Barrabás y crucificaron a Jesús. Nadie volvió a oir jamás de Barrabás. Pero en menos de cincuenta años parecía como si la mitad de las personas del imperio romano se hubieran convertido en seguidoras de Jesús. Ahora, tú puedes decirme quién de los dos ganó la revolución.

Este es el método de Dios para cambiar al mundo. Tenemos que hacer frente a los problemas del cora- zón. Los problemas comienzan en los individuos, en la cabeza y en el corazón. Dios tiene poder para cambiar la mente y el corazón de la gente. Y cuando la gente cambie realmente, tanto en la mente como en el cora- zón, el sistema cambiará. Así es como Dios cambia el mundo. Los cristianos primitivos supieron hacer esto. La gente decía de ellos: "Estos que trastornan el mundo entero también han venido acá" (Hechos 17:6). No es fácil cambiar a la gente según la manera de Dios. A Dios le costó su propio Hijo. A Jesús le costó su vida. Pero, si pagamos el precio, podemos ver nuestro mundo cambiado.

A continuación anoto cinco cosas que Dios nos ha encomendado para predicar y para practicar, si hemos de ver cambios reales en el mundo. Tenemos que pen- sar en ellas, practicarlas y llevarlas a la acción:

1. *La evangelización por parte de todo creyente en Cristo*. Todo discípulo de Jesús tiene que estar prepa- rado para ganar a otros para el mismo Maestro, y a su vez tiene que preparar a otros para que hagan lo mismo.

2. *La confesión y la restitución.* La sociedad está arruinada por el pecado. La confesión y la restitución constituyen el método de Dios para hacer que las cosas vuelvan a su normalidad, para deshacer algo del daño que hizo el pecado.

3. *Reproche y reprensión.* Este es el método de Dios para detener el pecado antes que crezca. Tenemos que aprender a hablar sin temor contra las cosas que Dios ha dicho que son malas.

4. *Reforma social.* Si realmente amamos a Jesús, amaremos al pueblo. El verdadero amor hacia los hombres significa que trabajaremos y nos sacrificaremos para satisfacer las necesidades físicas y espirituales de ellos. Piensa en los cambios que ocurrieron en las vidas de muchas personas cuando hombres de Dios como Juan Wesley y Guillermo Booth decidieron trabajar para que estos individuos volvieran a Dios, restaurándolos para la gloria de Dios.

5. *La oración y el ayuno.* La oración sincera y preocupada hace posible que Dios derrame su Espíritu y opere milagros en lugares claves del liderato. Ha habido cristianos que han salvado a naciones enteras de un juicio porque se han preocupado lo suficiente para agonizar por ellas delante de Dios. Es tiempo de que volvamos a poner en práctica estas cosas. Son parte de las buenas nuevas de Jesús.

12

REVOLUCION, AVIVAMIENTO Y REFORMA

Cada vez que Dios está listo para cambiar alguna forma de gobierno, permite que el país llegue al borde de una revolución. Si no se produce el arrepentimiento, se producirá la revolución. Ha habido muchas revoluciones en la historia, aunque no todas han sido violentas ni tipo guerra. Si Dios ve que un país necesita cambiar, permitirá que se produzca alguna forma de revolución.

Algunas veces, con bondadosa aflicción, Dios ha dado al pueblo nuevas formas de gobierno, aunque el pueblo lo rechazó a él como líder. La raíz de la revolución no cristiana es el rechazamiento de Dios y de su verdad. Si el pueblo se vuelve a Dios y a su Palabra, él puede restaurar la tierra sin derramar sus juicios.

Dios dice en su Palabra que él tiene que juzgar a la nación, si ésta se entrega al pecado. El ha hecho esto muchas veces en la historia, aunque siempre busca alguna manera de manifestar misericordia y salvar a la nación, especialmente si el pueblo ignora los caminos de Dios y su Palabra.

¿Cuentan los cristianos con alguna manera para ayudar a su país a evitar la revolución? ¡Sí! Dios está esperando que un número importante de personas vuelvan a ser sabias y buenas. Si hay un número suficiente de personas que satisfagan estas condiciones, él puede salvar del juicio al país. En 2 Crónicas 7:14, él dice: ". . . si se humillare mi pueblo, sobre el cual mi nombre es invocado, y oraren, y buscaren mi rostro, y se convirtieren de sus malos caminos; entonces yo oiré desde los cielos, y perdonaré sus pecados, y sanaré su tierra".

Lo que llamamos *avivamiento* consiste en convertirse del pecado, comenzar a obedecer a Dios de nuevo, y volver a vivir limpia y amablemente. El avivamiento no comienza en el mundo: comienza en la Iglesia. Avivamiento significa volver a vivir. Sólo se puede revivir algo que ha vivido antes. El descuidado pecador no puede ser avivado; ¡nunca ha vivido! El mundo necesita evangelización, pero esto no puede ocurrir mientras la Iglesia de Cristo no tenga avivamiento. El orden divino es avivamiento en la Iglesia y evangelización en el mundo. El avivamiento no es otra cosa que un "nuevo comienzo de obediencia a Dios". Esta es la primera condición para el cambio social sin la violencia de una revolución; con esta condición, los cristianos pueden unirse en verdadero amor y pueden tener una preocupación no egoísta por Dios, los unos por los otros y por el mundo.

La segunda condición se relaciona con el regreso a la verdadera sabiduría. Esto significa entender que lo que Dios ha dicho con respecto a nuestro mundo es cierto. Esto lo llamamos un regreso a la verdad y una *reforma* del entendimiento. En tanto que el avivamiento se relaciona con la obediencia, la reforma tiene que ver con el entendimiento. El avivamiento resuelve el problema del egoísmo; la reforma resuelve el problema de la ignorancia. La reforma hace sabia a la gente; el avivamiento la hace buena.

Esto significa que no es suficiente, simplemente hacer lo que ahora sabemos que Dios quiere que hagamos, y desafiar a nuestro mundo a obedecer a Dios. Tanto el avivamiento como la reforma tienen que llegar, si una nación ha de cambiar a la manera cristiana. Tenemos que dar pasos para averiguar más de lo que Dios ha dicho en su Palabra y difundir sabiamente el conocimiento de su Palabra por toda la tierra, hasta que sea "llena del conocimiento de Jehová, como las aguas cubren el mar" (Isaías 11:9).

¿Cuántas personas tienen que llegar a ser cristianas para que Dios salve a una nación entera del juicio? Si Dios estuvo dispuesto a perdonar a las ciudades de Sodoma y Gomorra por sólo diez justos, ciertamente él es muy misericordioso y bondadoso. Nadie puede decir cuál es el número por el cual él estaría dispuesto a retener su juicio. Pero si un porcentaje significativo, por ejemplo, un 10 por ciento de un país, se volviera a Dios, es muy probable que Dios pudiera retener su sentencia.

Ya hemos tenido revoluciones. Sí, ellas a menudo significan agonía, derramamiento de sangre y muerte en la tierra. Pero no producen un cambio durable, y se repetirán vez tras vez. Lo único que puede hacer una revolución es cambiar las cosas que ya exiten. Lo que Dios ofrece es mucho más que una revolución. Las revoluciones no pueden cambiar el corazón. Dios no sólo reorganiza las antiguas órdenes. El crea un nuevo orden en la sociedad y lo establece en los corazones de los hombres. El evangelio no es una revolución, sino una recreación. Es la acción mediante la cual Dios hace algo que nunca antes se ha hecho.

Tal vez todavía haya tiempo para reclamar esta promesa a favor de nuestra nación: ". . . si se humillare mi pueblo, sobre el cual mi nombre es invocado, y oraren, y buscaren mi rostro, y se convirtieren de sus malos caminos; entonces yo oiré desde los cielos, y perdonaré sus pecados, y sanaré su tierra" (2 Crónicas 7:14).

Guillermo Booth dijo: "Dios ama con un amor especial al hombre que tiene una pasión por lo imposible".

13

CUANDO EL MUNDO TE HACE MAL

"Mirad bien, no sea que alguno deje de alcanzar la gracia de Dios; que brotando alguna raíz de amargura, os estorbe, y por ella muchos sean contaminados" (Hebreos 12:15).

El problema con el mundo es que no hallas en él muchas personas en las cuales puedas confiar. Tal vez sepas lo que es haber confiado realmente en alguien que te deja abandonado, tal vez en muy malas condiciones. Si eres chica, tal vez confiaste realmente en un joven, cuando te dijo que te amaba. Entonces, cuando él supo que estabas embarazada, se apartó de ti, diciendo: "Lo siento, chiquilla. Simplemente eso no resultaría". Tal vez tu padre es un borracho que no tiene esperanza, o tu madre anda por ahí con tantos tipos que tú te preguntas cuál será realmente tu padre. O tal vez provengas de una iglesia en la que tus padres son funcionarios de alta jerarquía, y has visto sus vidas falsificadas cuando llegan al hogar y se quitan las máscaras religiosas. Sí, hay muchas maneras de sentirse uno ofendido en el día de hoy; no hay dos que sean iguales, y ninguna de ellas es agradable.

Lo horrible con respecto al hecho de que te sientes ofendido es que los que realmente tienen el poder para hacerte daño son los que amas y en los cuales confías más. Ningún extraño puede ofenderte con palabras ni siquiera la mitad de lo que puede ofenderte una persona a quien quieres amar o a quien llamas tu amigo. Y tú te ofendes en proporción directa a lo bien que conozcas y ames a la persona que te ofende. Cuanto más confíes en la persona, cuanto más la estimes, tanto más profunda y agonizante será la herida que sientes, si se levanta contra ti o te falla. Si tú eres una joven, entenderás especialmente de lo que estoy hablando. Tú sientes mucho más profundamente la herida que los tipos con los cuales has roto relaciones. Tú eres más sensible, estás más consciente de lo que ha pasado. Y eso significa una herida, una terrible herida, si has descubierto tu corazón a alguien a quien amaste y en quien confiaste, y fuiste apuñalada. Pero no hay ningún hombre que esté exento de esa misma clase de herida. A cualquiera que le ocurra esto, le ocurre como si a ninguna otra persona le hubiera sucedido nunca en el mundo en forma tan horrible.

¿Qué haces tú cuando el mundo te ofende? Una cosa que no puedes darte el lujo de hacer es lo que casi todos hacen: amargarte, y decir en tu corazón: "Nunca volveré a perdonar a esa rata; mientras viva, nunca lo perdonaré". La amargura comienza cuando realmente te sientes ofendido y te niegas a perdonar. Es una profunda desilusión que conduce al resentimiento y al odio por causa de la herida que sientes. Y cuando tú vives en la clase de mundo al cual Dios te ha llamado a hablar, muchísimas de las personas que te rodean pudieran ofenderte.

El problema número uno procedente de la calle, que molesta a los discípulos de Jesús, que experimentan los hogares divididos, los matrimonios destruidos, los políticos mentirosos y las iglesias falsas, es la amargura. Es el pecado que afecta más mortalmente el crecimiento del movimiento de Jesús. Si se deja que supure y se inflame, puede destruir totalmente tu vida espiritual. A menos que hagas frente a la ofensa no perdonada, pudieras ser defraudado por cualquier decepción o por cualquiera alucinación que se levante contra algo en el nombre de Dios.

La amargura es un pecado mortal. No te inflama como el pecado sexual, ni te afecta tan rápidamente como la dinamita, pero al fin te domina. Así como un ácido lento pasa gota a gota, gota a gota, así la amargura se come tu alma. Mel Tari, en su libro *Como un viento recio*, dice: "Cuanto más viajaba . . . tanto más llegaba a estar consciente de que muchas personas . . . tienen un quebrantamiento o una herida a causa de experiencias pasadas. En los corazones de la mayoría de las personas hay una amargura, o herida, o algo. El resultado es que se sienten mal internamente y no tienen poder ni gozo.

"Al consolar a muchos, he descubierto que esto es algo que les viene del pasado, algunas veces desde su niñez o desde sus años de adolescencia. Aunque han llegado a ser cristianos y han sido perdonados, a menudo la amargura y el odio aún permanecen allí. Muchos nunca piensan entregársela al Señor para que los sane. Muchos buscan la manera de olvidar la injuria tratando de ser espirituales. Luchan y tratan de hallar más de Dios y satisfacerse. Pero necesitan abrir sus corazones a Dios, para que él pueda satisfacer sus necesidades".

Si tú eres como la mayoría de los discípulos de Jesús que leen este libro, también has sido herido. Nunca sucede en la misma forma, y siempre duele tanto como la vez anterior, o mucho más. Algunos muchachos tratan de manejar las heridas no haciéndoles caso; otros tratan de poner la cara dura y de jugar al corazón duro. Pero a ti te gustaría que lo que te ocurrió nunca te hubiera ocurrido. Lo siento. Todos sangramos de la misma manera, y las peores heridas están dentro de nosotros, donde nadie, sino Dios, puede verlas. Todos sabemos lo que significa llorar en silencio, no importa cómo nos las arreglemos para presentar una cara valiente al mundo. Pero hay algo que es realmente horrible cuando uno está ofendido y no tiene espíritu perdonador: eso quita nuestros pensamientos de Jesús y de la vida, y nos deja cavilando tristemente en la persona que nos ofendió. Y algo ocurrirá. Al centrar nuestros pensamientos en la horrible actitud y en la maldad del que nos ofendió, comenzaremos a cambiar. Así como nuestros corazones se concentran, así nuestras vidas cambiarán hasta que seamos como la persona que nos causó la ofensa en la cual estamos pensando. Cambiaremos, paso a paso, hasta que realmente comencemos a vivir como la misma persona que nos ofendió.

En la película *Ben Hur,* el protagonista principal se obliga a permanecer vivo, con la esperanza de vengarse de su antiguo amigo romano, que lo había traicionado, había puesto en la cárcel a su familia y a él lo había vendido como esclavo para las galeras romanas. Después de haber sido librado milagrosamente, y de una espectacular competencia de carrozas, Ben Hur halla a su enemigo y lo golpea hasta dejarlo en el polvo. Se vuelve hacia este hombre romano que se ha vuelto como una jalea, y está ensangrentado, en la agonía de la muerte. Pero el romano agarra a Ben Hur por la túnica y se las arregla para gritar con voz ronca: "La competencia, Judá. La competencia. No ha terminado. ¡Continúa!" Y muere. Pero, por el hecho de que Ben Hur nunca perdonó a Mesala, éste como enemigo aún vivía. Vivía en el corazón, en la sangre y en la mente de Ben Hur, hasta que con temor y con ira, su amiga ve los horrorosos cambios que la amargura ha producido en su vida. Ella dice algo que todo discípulo de Jesús debiera recordar: "Es como si tú hubieras llegado a ser Mesala".

Oyelo bien. *Tú llegas a ser como la persona que desprecias.* Si continúas pensando en ese individuo, si continúas viviendo con la herida que te ha producido, paso a paso cambiarás hasta que llegarás a ser como él. Y nunca te librarás de lo que te hizo, aunque tal individuo muera, sea sepultado y sobre su tumba se le echen 100 toneladas de rocas. Vivirá en tu vida y en tu alma hasta que lo liquides como enemigo en la única manera que Dios te permitirá: perdonándolo.

Detente ahora mismo, y piensa profundamente. El hecho de perdonar no quiere decir que dejas de sentir la herida. Nadie que esté en su juicio cabal trataría de decir que el discípulo de Jesús no debe sentirse ofendido en realidad, si la gente le hace cosas malas. Por supuesto que te sientes herido. Pero detente a pensar también en lo siguiente: ¡*Dios también se siente herido*! En efecto, nadie en el universo entero puede sentirse tan herido como Dios. Recuerda que dijimos que te sientes herido en la medida en que conoces y estimas a la persona en que confiaste. No hay nadie en la creación que te ame más o que haya invertido más en tu vida que Dios. Cuando tú lo ofendes a él, tienes el poder de herirlo más que cualquier otro ser existente. Y él siente toda herida que tú sientas. Y no sólo siente tu herida, sino las heridas que sufren todos los discípulos de Jesús. El siente las heridas que todo el mundo siente por sus propios pecados y por los pecados de los demás; y sobre todo esto, siente la angustiosa herida de que todo este planeta suyo se niega a recibir su amor y su sanidad. Sí, Dios conoce las heridas, mucho más de lo que pudiéramos imaginar. Nunca leemos en la Biblia que Jesús se rio; pero tres veces se nos dice que Jesús lloró. Así que perdonar no significa sentirse uno bien por el mal o por las cosas viles que la gente le ha hecho.

Perdonar significa acudir a Dios para recibir su gracia sanadora. El Antiguo Testamento nos ofrece las promesas de Dios: "Cercano está Jehová a los quebrantados de corazón; y salva a los contritos de espíritu" (Salmo 34:18). "El sana a los quebrantados de corazón, y venda sus heridas" (Salmo 147:3). El que fue herido, y golpeado, y quebrantado por nuestros pecados, comprende nuestras heridas. El sabe cuánto duelen, pues él las sufrió antes que nosotros. Perdonar significa entregar nuestras lágrimas y heridas a Dios, y orar por la persona que nos ofendió. Para ti significa que descargas tu dolor sobre el Señor Jesús, hasta que puedas sentir la terrible herida en el propio corazón de él, hasta que sientas que tu tristeza vibra con la de él, hasta que te unas a él en "la participación de sus padecimientos".

Cada vez que alguien te ofende, en ese momento, Dios te inundará con una ayuda especial. Estará muy cerca de ti. Aparta un momento para invocarlo en tu corazón. Recuerda que él mismo sintió lo que tú sientes. Y aprende lo que significa decir a través de tus lágrimas, de tu dolor, de tu ira y de tus sentimientos irritados y heridos: "Padre, perdónalos, porque no saben lo que hacen".

Hace dos mil años, la gente estaba alrededor de la cruz de Jesús. Allí había personas estúpidas y bajas, pequeños canallas con caras perversas, que se burlaron del Príncipe de la vida, y lo maldijeron y lo escarnecieron, mientras colgaba, azotado y desnudo ante la multitud, enclavado, sangriento y agónico entre la tierra y el cielo con clavos de hierro. El había venido a salvar. Ellos clamaron: "¡Crucifícale!" Y la cruz casi había cumplido su obra mortal. Frente a él había un mar de caras más animales que humanas, más demoníacas que naturales. Ahí está él colgado, el Rey de reyes y Señor de los señores, ante cuya palabra, los ángeles en apretadas filas rendían reverencia por todos los cielos. Estas personas gritaban al Dios hecho carne, quien antes que existiera el tiempo, había hecho las estrellas y sostenido las galaxias con su mandato, al que sostiene en sus manos la vida y el aliento de toda criatura sobre la tierra. Cuando lo escupían e insultaban, lo gritaban y se reían de él, ningún ser de la tierra hubiera podido realmente comprender el sufrimiento por el cual estaba pasando; sentía más dolor que el que cualquier ser humano haya sentido jamás sobre este planeta. No era solamente la herida física la que le causaba un intenso dolor; no era sólo la vergüenza mental de ser azotado desnudo ante este mundo lascivo. No, esta herida, este dolor, era sólo una pequeña parte de su agonía. Su herida se la causó un mundo que le había dado la espalda a su Creador, era la herida de Uno que había venido a lo suyo, y los suyos no le recibieron. Al mirar ese mar de inmundicia y degradación, él hubiera podido decir jadeante: "¡Sois gusanillos inmundos, ingratos, estúpidos!" El sólo hubiera tenido que clamar una vez; clamar a las apretadas filas de ángeles que, provisto de rayos laser desenvainados, observaban con conmoción, horror e ira lo que estaba ocurriendo. El hubiera podido clamar: "¡Ha llegado el momento! Ya no puedo resistir más. Legiones tres, cuatro y cinco, todos los sistemas, ataquen. Ha llegado el momento. Es el fin. ¡Ahora mismo es el fin del mundo!"

El hubiera podido decir eso. Pero no lo hizo. Lo único que expresó fue lo siguiente: "Padre, perdónalos, porque no saben lo que hacen".

Cuando el mundo te hiera, colócate al lado de Jesús. Di lo que él dijo. El lo hizo primero que tú. Y por el hecho de que nada que jamás te haya herido pudiera ser peor que lo que él sufrió ese horrible día, esto puede fortalecerte en tu hora de necesidad. El no te fallará. El ya estuvo allí antes que tú. Y el día del juicio mostrará que hay hombres y mujeres en el reino de Dios por cuanto él decidió, y tú decidiste, perdonar. Hazlo. Nadie más, sino los discípulos de Jesús quieren y pueden hacer esto. Cuando el mundo te ofende, perdona. Ese es el único camino para librarte realmente de su poder.

14

VENGANDOSE DEL PECADO

"Ahora me gozo, no porque hayáis sido contristados, sino porque fuisteis contristados para arrepentimiento; porque habéis sido contristados según Dios, para que ninguna pérdida padecieseis por nuestra parte. Porque la tristeza que es según Dios produce arrepentimiento para salvación, de que no hay que arrepentirse; pero la tristeza del mundo produce muerte. Porque he aquí, esto mismo de que hayáis sido contristados según Dios, ¡qué solicitud produjo en vosotros, qué defensa, qué indignación, qué temor, qué ardiente afecto, qué celo, y qué vindicación! En todo os habéis mostrado limpios en el asunto" (2 Corintios 7:9-11).

Este es uno de los pasajes más interesantes del Nuevo Testamento para la gente de la calle. Nos dice cómo manejar la ofensa y cómo vengarnos a la manera de Dios. Hay dos maneras de responder a la ofensa. Una es la manera del mundo, y siempre conduce a la muerte. Significa amargura, desesperación, violencia, y conduce a la pérdida de tu razón de vivir. Tal vez tú hayas experimentado lo que significa estar herido y seguir el camino del mundo con pesar. Lo que te sucedió te hizo sentir tan destrozado y quebrantado que sentiste el deseo de suicidarte, o tan profundamente amargado que prometiste que, de algún modo, en alguna parte, te vengarías del que te ofendió.

Hay una manera cristiana de vengarte de la gente que realmente te hace mal. No nos referimos a las heridas que sentimos en las mareas ordinarias de la vida. No estamos hablando ahora de las querellas y las irritaciones. Nos referimos a las heridas que el pecado real de otros te causa, o las que tú mismo te haces por las cosas malas que en realidad has hecho. Cuando te sientas herido por el pecado de otras personas, da los siguientes pasos:

1. *Aprende a tener cuidado.* Jesús ofreció tres parábolas con respecto a las cosas perdidas. La primera se relaciona con la oveja perdida. La oveja se perdió simplemente porque se descuidó. No permaneció cerca de las otras ovejas ni del pastor. Se fue tan lejos que cuando llegó la noche no estaba con las demás. El hecho de que el pecado te cauce herida te sirve de clara advertencia: ten cuidado con la manera como vives. Permite que la herida te enseñe la lección de que el pecado siempre hiere. A Dios lo hiere tanto que no puede permitir que un hombre que viva en pecado entre en su reino.

Nunca trates al pecado con ligereza. Dios no lo trata así. Habrá personas que estarán perdidas por causa del descuido, perdidas por cuanto no anduvieron cuidadosamente delante de Dios, aun personas que se llamaron discípulos de Jesús, y no se preocuparon por tener cuidado con respecto a las condiciones establecidas por Dios para la salvación. La Biblia no dice: "¿Cómo escaparemos nosotros, si *rechazamos* una salvación tan grande?" Pero sí dice: "¿Cómo escaparemos nosotros, si *descuidamos* una salvación tan grande?" (Hebreos 2:3).

Piensa acerca de la herida que causa el pecado. Aprende la lección. Cuando comprendas el dolor que te ha producido a ti, comprenderás lo que le ha hecho a Dios de una manera mucho más grande. Y nunca querrás volver a hacer lo mismo, ni hacer lo que otros te han hecho a ti. Lo primero que hace el dolor piadoso es producir el cuidado.

2. *Aprende a salvar tu reputación*. Si alguien te ofende, usa esa herida como estímulo para ponerte de rodillas delante de Dios. Pide al Espíritu Santo que te muestre si hay algo en tu vida que atrae la perturbación. Algunas veces tenemos malos hábitos o actitudes que simplemente no los vemos en absoluto. Somos ciegos para ver estas manchas, pero otros sí las ven. El hecho de que seamos ofendidos a menudo puede determinar lo malo que hay en nosotros. Cuando alguien te hace algo malo, hazte un examen personal. Si el problema sucedió con un amigo, pregúntate: "¿Realmente busqué el mayor bien para él delante de Dios? ¿Realmente pienso como Dios acerca de este individuo?"

Si eres una joven, y has sido usada por más de un joven, tal vez hayas estado planificando actitudes voluptuosas para atraer a los tipos que no te corresponden. Si lo que sucedió fue una traición de la confianza, pregúntate: "¿Busqué yo al Señor con respecto a esto? ¿Me dio el Señor vía libre con respecto a este asunto?" Si la herida te vino en parte por tu propio pecado, ya te ha hablado el Espíritu Santo. Permite que tu herida te quebrante delante de Dios, y humíllate para que él pueda restaurarte. Esto de poner en claro tu reputación también significa estar uno dispuesto a confesar el pecado y a restituir a otros cualquier cosa que haya que restituir.

A continuación anoto algunas maneras como puedes arreglar las cosas con otros. Si tu problema no aparece aquí, pídele a Dios que te indique lo que debes hacer. En el momento en que estés dispuesto a hacerlo, él te mostrará cuál es la mejor manera.

1. *En caso de que hayas robado*. Tal vez tú has sido un ladrón, un ratero, un asaltante o un plagiario del arte. Si Dios te habla acerca de ciertas personas en relación con la propiedad que tú tienes de ellas, tienes

que aclarar tu reputación estando dispuesto a devolverla a su legítimo propietario. Esto lo enseña la Biblia expresamente: "Cuando una persona pecare e hiciere prevaricación contra Jehová, y negare a su prójimo lo encomendado o dejado en su mano, o bien robare o calumniare a su prójimo, o habiendo hallado lo perdido, después lo negare, y jurare en falso; en alguna de todas aquellas cosas en que suele pecar el hombre, entonces, habiendo pecado y ofendido, restituirá aquello que robó, o el daño de la calumnia, o el depósito que se le encomendó, o lo perdido que halló, o todo aquello sobre que hubiere jurado falsamente; lo *restituirá* por entero a aquel a quien pertenece . . . " (Levítico 6:2-5).

Haz una lista completa de las cosas con respecto a las cuales Dios te habla. Anota allí todas las cosas que tienes en la casa que no son legítimamente tuyas. Hazte el propósito de devolverlas a sus legítimos propietarios con una disculpa y una disposición a someterte a cualquier castigo. Si lo que hurtaste está usado y ya no se puede devolver, comienza a ahorrar hasta que tengas el valor correspondiente y determina pagar ese valor en vez de devolver el objeto usado. ¡Si lo hicieras en conformidad con el sistema del Antiguo Testamento, también deberías agregar el 20 por ciento de interés! Tu pecado de robo ha ayudado a arruinar al mundo y la confianza entre las personas. La restitución es el acto de ayudar a que las cosas vuelvan a estar en su puesto.

Enumera todas las cosas de que te hable el Espíritu Santo. En tu lista deben estar aquellas cosas que te han estado molestando la conciencia. Anota el nombre de la persona, o de la tienda, o de la casa, y debajo de cada nombre, las cosas que debes restituir o por las cuales tienes que pagar. Luego, pídele a Dios que te ayude a conseguir primero el dinero para pagar lo que tengas que devolver en dinero. Tal vez tengas que vender algo que es tuyo, o perder mucho de lo que tienes, pero cuando hayas terminado esto, tendrás un corazón limpio. Pide al Espíritu Santo que te ayude a saber cuál es el caso que debes arreglar primero. En algunos casos sería mejor conseguir todo el dinero primero y luego ir a restituirlo; en otros casos podría ser más conveniente ir a ofrecer la restitución y presentar un plan de pago en cuotas semanales. Observa cómo se mueve Dios para ayudarte a hacer esto. El pudiera obrar milagros de provisión económica para ayudarte. ¡Y piensa en lo emocionante que será el saber que puedes andar por la calle perfectamente libre de toda culpa del pasado!

Cuando vayas a pedir disculpas, recuerda que vas ahora como una nueva criatura en Cristo. No eres la misma persona que una vez robó y mintió y engañó. Dios te ha hecho diferente y te ha limpiado. Pídele al Señor que te ayude a encontrar el favor ante los ojos de las personas de las cuales robaste algo. Prepara lo que vas a decir y cómo tratarás de hacer la restitución. Luego, vé a enfrentarte con las personas.

Pudieras decir algo como lo siguiente: "Deseaba hablar con usted con respecto a algo que me ha estado molestando desde hace mucho tiempo. Hace poco que entregué mi vida a Jesucristo. Desde entonces, él me ha estado hablando con respecto a diferentes cosas. Cometí muchas maldades en el pasado. Una de las cosas que él ha traído a mi mente es el mal que yo le hice a usted al . . . (nombre el pecado). Comprendo mi maldad, y he venido a decirle que lo siento, a pedirle perdón y a decirle que estoy dispuesto a someterme a cualquier cosa que usted decida hacer al respecto".

Esto pudiera significar que recibes el perdón total, y que arreglas la deuda; por otra parte, pudiera dar como resultado que se te imponga algún castigo. Conozco a jóvenes que han ido a la cárcel a causa de las maldades que hicieron cuando no eran cristianos, y que pensaron que Dios quería que ellos pagaran su deuda a la sociedad de ese modo. Pon el caso tuyo por entero en las manos de Dios.

Estoy pensando en un amigo mío quien fue a reconocer algunos crímenes que había cometido antes de ser salvo. Fue encarcelado durante cuatro años. Durante ese tiempo tuvo bastante oportunidad de estudiar la Biblia. También tuvo tiempo para evangelizar a todos los que estaban en la cárcel. El ganó a muchos presos para Jesús, les dio el testimonio de Cristo a los carceleros, comenzó un estudio bíblico en su propio bloque de celdas y se hizo fuerte en el Señor. Cuando fue puesto en libertad, dijo que algo bello había ocurrido. En anteriores ocasiones, al salir de la cárcel luego de haber cumplido la pena, experimentaba un sentido de liberación. Esta vez, cuando las puertas se cerraron, y lo dejaron a él afuera, no sintió nada. El Espíritu Santo le habló. Dios le dijo: "Hijo, esta es mi manera de decirte que siempre has estado libre". La cárcel no es cautividad para el hombre que ha sido encarcelado por el amor liberador de Cristo. Hoy, este hermano cumple un gran ministerio para los que están encerrados en las cárceles. No temas de estar en la cárcel durante algún tiempo. Jesús estuvo en la cárcel por el hecho de que anduvo con Dios; los apóstoles fueron a la cárcel por causa de su fe; incluso muchos de ellos fueron ejecutados por la misma razón. Tú tendrás, pues, buena compañía.

Si te toca presentarte ante un tribunal, consigue un amigo cristiano que pueda orar contigo y, si es posible, que te acompañe. He visto a Dios obrar muchos milagros en los corazones del juez y del jurado. ". . . está el corazón del rey (el que está en autoridad) en la mano de Jehová" (Proverbios 21:1). Dios puede influir en las mentes de los magistrados y en sus decisiones y, por medio de la oración, puede invertirlas, si él decide que eso es lo mejor. Pero tienes que hacer tu parte. Obedécele, cualquiera que sea el costo.

2. *En caso de que hayas criticado a otros*. Si con amargura has humillado a algunas personas, tienes que dar pasos para devolverles su reputación, luego de una verdadera confesión y restitución. Busca algunas cosas buenas que puedas decir con respecto a ellas. Hazte el propósito de poner en alto los aspectos buenos que hay en dichas personas ante los demás. Si le has tenido envidia a un individuo, o le has tenido celos, no te disculpes diciéndole que has dicho cosas viles contra él. Ese no fue realmente tu pecado. Discúlpate por aquello que te hizo decir las cosas viles: tu envidia con respecto a la buena vida o fama de la otra persona. Eso fue lo que te llevó a decir cosas malas contra ella. No confundas los *resultados* del pecado con el pecado en sí. Nadie puede perdonar los resultados del pecado. Si sólo pides disculpas por haber dicho cosas malas, cuando en realidad la otra persona ni siquiera sabe que las dijiste, sólo lograrás ampliar la brecha entre los dos.

3. *La indignación* es otra parte importante en la venganza por el pecado. Enójate lo suficiente para poner fin al asunto de una vez por todas. ¿Cómo te liberas del pecado? Primero tienes que reconocerlo realmente como es. La sangre de Cristo no limpia excusas. La manera de reconocer el pecado, de experimentar la convicción del Espíritu Santo, no consiste simplemente en tratar de sentirse uno culpable. Para reconocer el pecado, pide al Espíritu que te ayude. Pídele que te muestre cuán horrible ha sido, que te muestre lo que ha hecho tu pecado para herir a Dios, a los demás y a ti mismo.

Los siguientes pasos son *odiar* y *olvidar* el pecado. Enojarte realmente por él, pensar desde el principio hasta el fin lo que cada pecado ha hecho en tu vida. ¡Qué malgastador de tiempo, energía y belleza ha sido el pecado en tu vida! ¿Reconoces tu pecado? Entonces, ódialo; pídele a Dios que realmente abra tus ojos y te dé tal aversión e ira por ese pecado que en realidad llegues a despreciar lo que has hecho. Entonces tendrás el poder para abandonarlo y buscar todo lo que es hermoso en el amor de Cristo.

Esto es parte de lo que significa temer a Dios. La Biblia nos dice: "El temor de Jehová es aborrecer el mal" (Proverbios 8:13). Y tomar venganza del pecado significa que aprenderemos a temer realmente a Dios. No nos asustaremos de él como si fuera un ser infinitamente fantasmal, pero le tendremos tanto respeto y reverencia que haremos lo que nos pida que hagamos, sin importar lo que la gente piense de nosotros. El temor del Señor te ayudará a levantarte tú mismo contra el mal con un perfecto odio.

He aquí algo que puedes hacer para vengarte del pecado. Aírate realmente contra todas las avenidas materiales que te hicieron caer en tentación. Destruye todas las fuentes del pecado que aún estén alrededor para tentarte. Saca todos los libros sucios, recógelos y quémalos. Actúa sin misericordia. No lances la ira y la herida que has sentido por el mal que has hecho sobre otras personas o sobre ti mismo; lánzala contra estos objetos de la tentación. Contra los discos fonográficos de música ácida y de rock que usaste en vez de las drogas para elevarte y volver a bajar, sin la intervención de Dios. Hazlos añicos y lánzalos al fuego. Echa al excusado cualquier cantidad de drogas que te queda y que las lave el agua. Destroza las agujas de aplicar narcóticos, los tubos y los accesorios. Destruye y tira todo instrumento del pecado, todo lo que te recuerde el mal que hiciste en el pasado. Rompe tus carteles que representen algo del ocultismo, tus horóscopos, tus símbolos de paz. Quema toda la ropa que te recuerde la vida pasada. Abandona cualquier cosa valiosa que aún te recuerde alguna culpa pasada.

4. *Un deseo vehemente* es otra parte en vengarse del pecado. El hecho de haber sido heridos por el pecado nos puede dar la facultad para hablar contra él cuando ya nos hemos purificado. ¿Quién puede conocer mejor el infierno que trae el pecado que el pecador que ha sido librado de él? ¿Quién puede hablar con mayor pasión contra las drogas o contra la inmoralidad sexual o contra la amargura que la persona que ha sido esclava de esos vicios? Cuando el pecado te hiera, usa esa herida contra el reino del infierno. Promete delante de Dios que no te volverá a herir, y que mientras respires, harás cuanto puedas para impedir que otros sean heridos como lo fuiste tú.

Abraham Lincoln vio un mercado de esclavos en Nueva Orleans. Airado les dijo a sus amigos: "Vámonos de aquí, muchachos. Si algún día tengo la oportunidad, le voy a dar duro a esto". Cuando tú estás limpio, algo comienza a arder en tu corazón para Dios. Esta es una parte del celo que viene de la tristeza piadosa. ¡Qué emoción el estar atacando para agradar a Dios! ¡Qué emoción puedes sentir en tu corazón cuando eres un soldado de su amor, cuando tu reputación queda en el basurero y tú sales a perforar un agujero al infierno! El Señor Jesús dijo: ". . . edificaré mi iglesia; y las puertas del Hades no prevalecerán contra ella" (Mateo 16:18). Cuando leí esto por primera vez y superficialmente, pensé que significaba que, aunque el diablo en realidad golpeara a los discípulos de Jesús duramente, Dios se encargaría de que no se rindieran ni abandonaran la fortaleza que estaban defendiendo. Yo podía ver a todos los cristianos asustados en posición firme, ocultos dentro de una fortaleza, gritándole al Señor que descendiera a librarlos de su situación. Podía ver que las legiones del diablo hacían flamear banderas mientras avanzaban.

Pero lo estaba leyendo mal. Eso no es lo que dice el versículo ni lo que significa. Volvámoslo a leer y veamos quién es el que no puede prevalecer. "Las puertas del *Hades* no prevalecerán". ¡Contra la fortaleza del infierno sale la iglesia militante, terrible como un ejército con estandartes, lleno de fuego y de gloria, destruyendo hasta el infierno con los arietes del evangelio de Dios! C. T. Studd lo dijo de una manera mejor:

Algunos quieren vivir al alcance del sonido
De la campana de la iglesia a la capilla;
Yo quiero hacer mi tienda de rescate
Dentro del patio del infierno.

Esta, entonces, es la manera de vengarse uno del pecado. Tenemos que aprender lo que es ser jóvenes airados de Dios; airados por lo que el pecado ha hecho a su mundo y a su corazón. Amy Carmichael expresó poéticamente este poder, cuando dijo:

Aunque esté con los victoriosos,
O perezca con los que caen;
Sólo son pecadores los cobardes,
Lo único que hay que hacer es librar la batalla.

Fuerte es el enemigo que avanza;
Quebrada está mi espada, Señor;
Ve sus altivos estandartes y lanzas,
Pero líbrame de la punta de una espada.

Arregla todo lo que has arruinado, hasta donde te sea posible. Si tienes enemigos, hay incluso una manera cristiana para librarte de ellos. ¡Sal del camino para hacerles bien! Devuelve bien por mal (1 Tesalonicenses 5:15). Usa el arma del amor, contra la cual no hay defensa terrenal. Si hay personas que te odian, ámalas más profundamente. Si te critican; alaba los aspectos buenos de ellas; si difaman tu nombre, busca algo agradable que decir con respecto a ellas. Si tienen sed, dales de beber; si tienen hambre, dales de comer. Nunca salgas en defensa de ti mismo; sólo defiende al Señor. Permite que él haga la defensa. Mata a tus enemigos con bondad. Si ganas, tienes otro amigo que puede también ser amigo de Dios. Véngate del pecado, pero según el método de Dios.

15

HACIENDO LAS PACES CON LOS DEMAS

Todo discípulo de Jesús tiene que pedirle al Señor que le dé valor para confesar las maldades que ha hecho a otros y restituirles lo que tenga que restituir. Si ofendiste a Dios, sabes que tienes que arreglar las cosas con él. Pero si ofendiste tanto a Dios como a otros individuos, también tienes que arreglar las cosas con éstos. Dios te hizo la memoria para que deposites allí lo que ha pasado. Si has hecho algo malo, tu mente mantendrá el recuerdo, y cuando seas tentado, volverás a pensar en la última ocasión en que hiciste lo malo. Si no has arreglado ese problema, pudieras volver a caer en él. Mientras no hayas arreglado todo lo malo que has hecho, siempre tendrás la dificultad de sentir tu conciencia culpable.

El hecho de no arreglar las cosas pasadas puede causarte problemas. Siempre te parecerá difícil tener fe o vencer la tentación. No serás osado para dar el testimonio de Cristo porque siempre tendrás miedo de que alguien en alguna parte te acusará de ser farsante, por no haber arreglado las cosas con él. Además, si tienes la conciencia sucia, eso te hará difícil conocer a nuevas personas y hacer amigos fácilmente. Y no vivirás realmente con el gozo de haber sido perdonado por completo. Tienes que arreglar los problemas con los demás. Dios dice: "El que encubre sus pecados no prosperará; mas el que los confiesa y se aparta alcanzará misericordia" (Proverbios 28:13).

Ya hemos hablado acerca de la restitución. La confesión consiste básicamente en humillarte, admitir que le has hecho mal a la otra persona y pedirle perdón. A continuación anoto lo que debes hacer para arreglar los problemas con otros:

1. *Pídele disculpas a Dios.* Debes arreglar aquello sobre lo cual te habla el Espíritu Santo. Haz una lista completa de las cosas que aún te molestan. El no te recordará todas las cosas. Tal vez te recuerde sólo unas pocas, pero éstas son las que bloquean tu felicidad. Pídele al Espíritu Santo que te indique cuáles son. Anota todo lo que él traiga a tu mente. No dejes afuera nada de lo que sabes que debe estar en la lista. Pídele a Dios que te perdone esas maldades. Luego, pídele que te dé valor para arreglarlas con aquellas personas con las cuales has tenido relación.

2. *Averigua cuál fue el pecado básico que cometiste en cada caso.* ¿Cuál fue la maldad básica que hiciste? ¿Cuál de las leyes de Dios quebrantaste? No escribas los resultados de lo malo que hiciste, pues esos no pueden ser cambiados. Pídele al Espíritu Santo que escudriñe tu corazón y te señale cuál fue el pecado básico que cometiste en cada caso.

3. *Aparta un tiempo que le convenga a la otra persona para estar con ella.* Consigue un lugar donde puedan estar a solas, y donde la otra persona no se sienta avergonzada. Si no puedes hacer esto, mejor escríbele una carta. Trata de pedir disculpas personalmente, a menos que eso pueda ser peligroso o vergonzoso para la otra persona.

4. *Prepara con anticipación lo que vas a decir.* No te disculpes sin nombrar el pecado básico, sin decirle por qué lo estás haciendo y sin pedirle perdón. He aquí tres declaraciones que pudieran ayudarte a presentar

disculpas: "Dios me ha estado hablando acerca de algo malo que le hice a usted. Le hice mal al (nombre el pecado). Sé que con esto lo he ofendido a usted y a Dios. Quiero rogarle a usted que me perdone". No digas demasiado, ni prediques. Para ser eficaz, sólo tienes que decir unas pocas palabras con una verdadera actitud de quebrantamiento.

5. *Primero aparta tiempo para lograr la actitud correcta.* Si no puedes humillarte y aceptar la culpa completa de lo que has hecho, necesitas pasar más tiempo delante de Dios. Piensa en todo el dolor y la pérdida que tu egoísmo ha causado. Piensa en lo que ese pecado les ha causado a otros. Piensa en las vidas que esa misma maldad ha arruinado y enviado al infierno. Piensa en la aflicción que ese pecado ha producido en el mundo de Dios. Piensa en la aflicción que ha causado en tu propia vida, en las noches de insomnio, en los recuerdos de culpa. Luego piensa en esto: ese pecado clavó a Jesús en la cruz; quebrantó el corazón de Dios. No vayas a hablar con la otra persona hasta que el Señor realmente te haya quebrantado y te haya mostrado cuánto mal causó tu pecado.

6. *Prepárate para que toda la culpa caiga sobre ti.* Aunque la otra persona haya cometido realmente también lo malo, acepta *toda* la culpa, como si sólo fuera falta tuya. No esperes nada del otro individuo, ni siquiera el perdón. Si vas con el espíritu correcto, y aceptas la plena culpa, pudieras comenzar así una cadena de bien que puede traer salvación a muchos otros. Pero aun si aquel a quien pides perdón nunca perdona, vé con la actitud correcta, de tal modo que delante de Dios hayas hecho cuanto puedes. Tu conciencia es la que necesita ser purificada. Permite que Dios se encargue de la otra persona con respecto a su maldad. Haz lo mejor que puedas, y permite que Dios haga su parte.

7. *Antes de ir a hablar con la persona, pídele a un amigo que ore por ti mientras cumples con esto.* Si escribes una carta, pide a un amigo que ore por ti mientras la despachas por correo. Pide a Dios sabiduría en cuanto al tiempo oportuno para presentar disculpas. Necesitas la ayuda de él para que te prepare el camino y prepare el corazón de la otra persona. Haz frente primero a las cosas grandes, y deja las pequeñas para el fin. Si tienes que restituir algo, prepara lo que vas a hacer antes de salir a esto.

8. *No uses palabras que te absuelvan la culpa.* No envuelvas a otros, pues no estás pidiendo disculpas por ellos. No subestimes tu propio error, ni el mal que has causado por medio de él; y no esperes demasiado para esto. Sólo hay un caso en que no es prudente mencionar el pecado básico: cuando se trata de un pecado sexual. Si ya eras cristiano cuando cometiste el pecado sexual, podrías usar alguna de las siguientes frases: "No he establecido una norma decente para ti"; o "No me he portado como un cristiano ejemplar delante de ti".

Cuando hayas revisado todos los problemas que tienes en la lista en forma tan completa como si estuvieras a punto de encontrarte con Dios ante el trono del juicio, y hayas determindado arreglar todo lo que puedas, comienza de una vez a hacer lo que tienes que hacer.

Recuerda esta norma sencilla: El círculo de la confesión tiene que cuadrar con el círculo de lo que se ha cometido. Esto simplemente significa que sólo confiesas tus faltas a aquellos contra los cuales las has cometido. Si tu falta fue sólo contra Dios, discúlpate con él solamente. Sólo él necesita saberlo. Si hiciste mal contra Dios y contra otro individuo, pide disculpas a Dios y luego, al otro individuo. Nadie más debe saberlo. Si tu pecado fue contra Dios y contra cierto número de personas, tienes que arreglar las cosas con Dios y con ese grupo, pidiendo disculpas públicamente.

No confieses los pecados privados en reuniones públicas. Rara vez ayuda eso a alguien, y es embarazoso para algunos. No confieses los pecados públicos en privado; si les has hecho mal a todos, tienes que arreglar las cosas con todos.

Cuando hayas terminado de arreglar todo, tendrás el gozo de quemar tu lista y de saber que estás bien con todas las personas que conoces en el mundo. Piensa en la emoción y la paz que sentirás cuando andes por la calle y puedas llevar la cabeza en alto delante del mundo. Si el enemigo trae a tu mente malos recuerdos, relacionados con el mal que hiciste alguna vez, puedes decirle a Satanás: "Satanás, tienes razón. Una vez hice eso. Pero hubo un día cuando arreglé esas cosas con Dios, y recuerdo cuando arreglé esas cosas con aquellas personas a las cuales ofendí por ello. Y eso es lo que felizmente recuerdo. Lo único que puedes recordarme es que estoy limpio".

Arregla eso con Dios y con los demás. Lo necesitas. Las demás personas también lo necesitan. Dios lo exige. Hay otros millares de personas que necesitan tu ejemplo para adquirir el valor para hacer esto. Este es el método de Cristo para promover el cambio social.

16
COMO IMPEDIR QUE OTROS PEQUEN

Tal vez el mandamiento que más se desobedece de toda la Biblia es el que se halla en Levítico 19:17: "No aborrecerás a tu hermano en tu corazón; razonarás con tu prójimo, para que no participes de su pecado". Muchos discípulos de Jesús simplemente no censuran ni reprenden el pecado. Sin embargo, Dios espera que todos nosotros hagamos eso; si no lo hacemos, desobedecemos a Dios y traemos mayor daño al mundo.

La vida del Señor Jesús fue puro amor en acción. Sin embargo, él lanzó reprensiones por todas partes. No era nada cómodo tener a Jesús cerca, si la persona estaba en pecado. El lo reprendía, sin importar quién lo estaba cometiendo.

La mayoría de las personas tienen una idea rara con respecto al amor. Piensan que sólo es cierta clase de emoción cálida, y que el compañerismo o la compasión son simplemente hermosos sentimientos que hay entre dos personas. En este mundo de sueños, la flecha de la reprensión es exactamente lo opuesto del amor. No pudiera haber nada menos cierto. Para amar verdaderamente o tener compañerismo, tenemos que darnos, compartirnos. Esto significa que hay que decir la verdad con respecto a nosotros mismos. Esto no es ninguna alucinación para entrenar la sensibilidad. Esto es lo que enseña la Biblia. Tenemos la

idea general de que el amor y la unidad son maravillo-
sos, ¿pero podemos pagar el precio por ellos? El precio
puede ser el dolor de dar o recibir la represión co-
rrectiva.

Tenemos que reprender. Dios nos enseña a obedecer
su autoridad reprendiendo. La disciplina familiar, que
es la columna vertebral del orden divino tanto para la
iglesia como para la nación, se basa en la represión.
La prueba más crítica de tu crecimiento como discípulo de Jesús es tu capacidad tanto para dar como
para recibir represión. Si tú la das, pero no la recibes
de ninguna otra persona, serás dominante y crítico, y
no serás más que un tropiezo para todos los demás. Si
recibes la represión, pero tienes miedo de darla, eres
un cobarde delante de Dios, y un participante del
pecado al permitir que siga sin freno, quebrantando el
mundo de Dios y el corazón de él, aun más de lo que ya
están. El hombre que no está dispuesto a recibir ni a
dar represión, probablemente es un farsante; le teme
al hombre más que a Dios. Los discípulos de Jesús llegan a ser uno en el espíritu y en el Señor sólo de una
manera: siendo veraces y honestos el uno con el otro.
No debemos ser dictadores, ni tampoco sufrir sin protestar, pero debemos "hablar la verdad en amor",
recibiendo corrección de los demás aunque nos duela,
y atreviéndonos a hablar en favor del bien aun cuando
nos cuesta hacerlo.

El evitar la represión es evidencia de que tenemos
un corazón complaciente con la gente. Ningún radica-
lista se avergüenza de defender su programa. ¿Dónde
están los cristianos radicales de hoy que no se aver-
güenzan del Señor Jesús? A nadie le gusta estar solo,
pero algunas veces los discípulos de Jesús tienen que
estar solos. El discípulo de Jesús tiene que defender
los derechos de Dios, sin importar el costo. ¡Alguien
tiene que detener el pecado! Dios nos dio un instru-

mento para limitar el pecado. Ese instrumento es la reprobación y la reprensión. Si no aprendemos a reprender el pecado, ¿qué le diremos a Dios cuando la prostituta, el drogadicto, el asesino profesional y la bruja se presenten ante su trono de juicio? "Nosotros vivimos en todas estas cosas", tendrán que decir ellos. ¿Y qué dirás tú? "¿Yo los dejé que siguieran así, sin decirles nada, porque tuve miedo de que me despreciaran?"

El Señor Jesús dijo algo con respecto a esta clase de excusas. "Porque el que se avergonzare de mí y de mis palabras en esta generación adúltera y pecadora, el Hijo del Hombre se avergonzará también de él, cuando venga en la gloria de su Padre con los santos ángeles" (Marcos 8:38). "Os digo que todo aquel que me confesare delante de los hombres, también el Hijo del Hombre le confesará delante de los ángeles de Dios" (Lucas 12:8). Y Jesús siempre habla en serio.

El amor a Dios nos dice que tenemos que reprender. El pecado es el mayor enemigo de él. Ser santo significa amar las cosas que Cristo ama y odiar las que él odia. Cuando más amemos a Dios, tanto más odiaremos el pecado. El hecho de reprender realmente nos dice cuánto amamos a Dios. Cuanto más nos preocupemos por él, tanta más ira nos causará el pecado.

La Biblia sólo nos da cuatro casos en que es mejor no reprender. No debemos reprender al escarnecedor (Proverbios 9:8; 15:12), pues eso sólo lo hará más odioso y amargo. No debes reprender al rebelde, aquel de quien tú sabes que odia a Dios y a la autoridad, pues tus palabras sólo pueden provocarlo a la violencia (Ezequiel 3:26, 27; Mateo 7:6). Desecha también al hereje engañado, quien deliberadamente rechazó lo que sabía que era la verdad, y comenzó a enseñar lo mismo a otros (Tito 3:10; Efesios 5:11). A él se le debe dar la advertencia dos veces, y luego, dejarle el juicio a

Dios. Por último, no reprendas a los que se justifican excesivamente a sí mismos, que tienen tanto orgullo y un concepto tan engañoso, y están tan satisfechos con su propia sabiduría y bondad, que toda tu reprensión sólo producirá discusiones (Mateo 15:14; 27:12).

En todos los demás casos, debes seguir firmemente la instrucción del Espíritu Santo, y reprender lo malo. El te dará un suave codazo para llamarte la atención a fin de que hables y al mismo tiempo te dará el valor para hacerlo. Si desobedeces, experimentarás un profundo sentido de pérdida. Esto nunca será fácil, especialmente si el individuo a quien tienes que hablar es un amigo, pero tenemos que tener valor para poner los principios de Dios por encima de las personalidades (2 Samuel 12:1-14).

¿Cómo se hace esto? En el caso de hermanos en la fe, el método bíblico apropiado consiste en ir primero a hablar con el individuo que cometió el pecado, pero hay que ir lleno del amor de Dios. Tienes que tener el único deseo de ayudarle para que vuelva a estar en buenas condiciones con Dios. El secreto de toda reprensión es el siguiente: la reprensión no tiene ninguna relación con lo que tú sientes. Lo importante es lo que *Dios* siente; tú estás preocupado por lo que *Dios* piensa.

No vayas a decirle a un hermano: "¡Hermano, esto me molesta!" ¿Qué tiene eso que ver con el asunto? Hay un método mucho mejor para reprender. Consiste en esperar hasta que primero encuentres algo bueno que decir acerca de esa persona. Hacerle saber primero lo que admiras con respecto a ella. Uno tiene que presentársele como amigo; con amor real. Luego, expresa tu reprensión de tal modo que puedas comunicar lo que Dios dice, sin presentar reacciones emocionales de juicio. Cuando el Espíritu Santo abra la puerta, simplemente di con tranquilidad algo como lo que sigue: "Hermano, ¿has pensado alguna vez que _____ pudiera estar ofendiendo a Dios?" Tienes que hacer esto en nombre de Dios, y no por desagrado personal o como alguna queja por alguna injuria contra ti. Si el individuo te oye, has ganado a tu hermano. Muéstrale entonces cómo puede arreglar el asunto. En caso de que Jesús te haya ayudado a ti personalmente en algún pecado particular, y puedes compartir esta experiencia con él, compártela. Si no ha tenido este problema, háblale acerca de la experiencia de liberación que tuvo un amigo tuyo. Y no vayas hasta que pienses que puedes ayudarlo a arreglar su problema, y a menos que tú mismo te halles realmente limpio delante del Señor. Cualquier pecado conocido en la vida de la persona que trata de reprender, le quita la autoridad y la santa convicción.

Si el individuo no te oye, consigue a un amigo que tenga la misma preocupación y vuelve a visitarlo. Los dos tienen que estar interesados, no en levantar el dedo índice, sino sólo en manifestar una disposición humilde de estar con el hermano para ayudarle a arreglar su problema. Pudieran decir: "Hermano, tal vez estamos equivocados en lo que pensamos, pero hemos venido porque realmente lo apreciamos y nos preocupamos por usted. Si estos rumores no son ciertos, le ayudaremos a aclarar las cosas que se han dicho acerca de usted; pero si son ciertos, queremos que usted sepa que estamos aquí para tomar posición al lado de usted y ayudarle en lo que podamos". ". . . si te oyere, has ganado a tu hermano. Pero si no te oyere, . . . dilo a la iglesia" (Mateo 18:15-17).

Esta última represión es la más difícil de todas, pero debe hacerse, si hemos de guardar la obra de Dios libre de infección. Repito que no debe haber amargura, ni actitudes críticas ni de juicio. Si te toca hacer esta represión pública en la iglesia, pudieras decir:

"Hermanos, tenemos un problema muy difícil que queremos presentarles en oración. Nuestro hermano _____ ha tenido un problema desde hace algún tiempo, y ha sido difícil para él abandonarlo. Presentamos el caso a fin de que todos lo conozcan para que manifiesten su amor y preocupación. Creemos que esto ofende a Dios y a su obra, y es algo que nuestro hermano tiene que arreglar antes que cause más daño a la reputación de Dios. Queremos darles la oportunidad de orar por él como iglesia ahora mismo".

Si aún entonces no se arrepiente, debe y tiene que ser tratado como un pagano. Esto significa que hay que tratarlo como si estuviera lejos de Dios, fuera de la seguridad y de la protección de Dios. ¿Y qué siente Dios por el hombre que está perdido? El no se llena de resentimiento; no asume la actitud de rendirse ante el problema. Dios sólo tiene dolor y profunda preocupación por el pecado que causó la separación, y una disposición para perdonar y olvidar, tan pronto como se manifieste el menor signo de arrepentimiento. Reprende siempre en el Espíritu Santo para que el ofensor sienta como si la represión viniera del mismo Dios. Y nunca aprenderás a reprender, mientras no estés dispuesto a llorar con el que hizo el mal. ¿Hay lágrimas junto con tu represión?

Adapta la fuerza de tu represión a la relación que la persona tenga contigo. Si conoces bien al individuo, la represión puede ser más franca y directa. Si es mayor, tienes que tratarlo con el respeto que se debe a su edad o autoridad (1 Timoteo 5:1, 2, 19). Hay otros elementos que pueden modificar tu represión: hasta dónde sabe el individuo que está cometiendo un pecado; o cuán a menudo ha pecado de la misma manera. Si el individuo realmente no entiende lo horrible que es ese pecado, la represión debe tener la naturaleza de una instrucción o enseñanza, y no la de un "re-gaño". Sé más agudo con el individuo que ha conti-nuado haciendo lo mismo, especialmente si se le ha dado la advertencia y aún no se arrepiente. Con res-pecto a los pecadores, lo bueno que hay que recordar es que lo único que tienes que hacer para reprenderlos es colocar a Cristo dentro de sus propias palabras y acciones. Si alguien jura, puedes decir: "¿Realmente piensas que Dios se encargará de cumplir este jura-mento? Yo pienso que él te ama y ama tu trabajo más de lo que piensas tú". También puedes decirle: "¿Jesucristo? ¿Lo conociste alguna vez? El es mi amigo personal". Dilo siempre con una sonrisa bonda-dosa y amistosa, para que las personas reprendidas sepan que realmente hablas en serio, pero que no las estás despreciando como personas. Permite que el Espíritu Santo te dé las palabras que has de decir. El las hará adecuadas para cada situación a que te en-frentes. Lo único que tienes que hacer es tomar el valor de él en el momento preciso, y salir con fe a hablar en el nombre de él contra el pecado.

17

LA PROMOCION DE UNA REVOLUCION ESPIRITUAL

No los pediste, pero aquí están: ¡los más asombrosos días en la historia del mundo! Nunca antes ha habido una hora más estratégica. Nunca antes ha habido tal necesidad de cambios radicales en el sistema en que vivimos. Al movernos hacia los últimos años del hombre, sólo quedan dos preguntas: ¿Puede devolverse la marejada? ¿Y puede la Iglesia del Señor Jesús ver un último gran despertamiento antes que él venga?

La respuesta para la primera pregunta es *sí*. Sí, si todo cristiano se moviliza hacia la obra de un despertamiento nacional; sí, si hay inmediata participación ahora mismo para Dios en todos los principales niveles de la sociedad; sí, ¡si nos atrevemos a creer que Dios es aún el mismo! La respuesta a la segunda pregunta depende de cuán rápidamente cumplamos la primera. El sistema necesita cambio. Ni la violencia ni el abandono pueden ayudar. No parecen estar cerca soluciones políticas, ni educativas, ni científicas que golpeen profundamente en las raíces del problema. El sistema es la gente. La gente necesita ser cambiada. Mientras eso no suceda, toda revolución está condenada al fracaso. Y una cosa que Dios puede hacer muy bien es cambiar a la gente. Es decir, si su pueblo le obedece y es la clase de pueblo del cual todos los demás dicen que están necesitando. ¡Y eso te puede ocurrir a ti!

Los cristianos pueden promover un despertamiento espiritual en cualquier situación de cinco maneras principales:

1. *Mediante la evangelización.* La revolución espiritual se realizaría en esta década sólo si todo cristiano asume responsabilidad en la tarea de la evangelización. Esta no es tarea de unas pocas superestrellas religiosas que tengan talentos; es el mandato para todo hijo de Dios que lo ame. No será fácil. El hombre no está buscando a Dios. Los perdidos pueden estar buscando la felicidad, o la paz, y tal vez aun la experiencia religiosa. Pero ciertamente no están buscando a Dios. *¡Dios no está perdido!* El hombre sí lo está, y a partir de la historia de la caída, el hombre ha estado escondido de Dios en obras y palabras, mientras Dios ha estado buscando al hombre. El quiere atraer a las personas hacia sí mismo a fin de que se unan a él en su misión de buscar y redimir. Esto no será fácil. El evangelio es una empresa costosa: A Dios le costó su Hijo, y a Cristo le costó la vida. Bien pudiera costarnos la nuestra. Pero no hay otro modo de hacer la clase de impacto que necesitamos.

2. *Mediante la confesión y la restitución.* El pecado siempre hiere. Hiere a Dios; hiere a los demás; nos hiere a nosotros. El perdón es el método de Dios para hacer frente a nuestra culpa; la confesión y la restitución constituyen su manera de volver a unir las cosas que el pecado echó a perder. Si hemos ofendido a Dios, pidámosle disculpas sincera y profundamente; pero si nuestro pecado contra él ha herido a otros, no nos detengamos allí. El apóstol Pablo pudo decir: "Y por esto procuro tener siempre una conciencia sin ofensa ante Dios y ante los hombres" (Hechos 24:16). La confesión consiste en admitir el mal que hemos hecho a

otros y pedirles perdón. La restitución es la voluntad de arreglar las cosas con ellos hasta donde sea humanamente posible (Levítico 6:1-6; Proverbios 28:13; Ezequiel 18:27, 28).

3. *Mediante la reprobación y la reprensión.* ¿Qué puede hacer el cristiano para ayudar a que la sociedad deje de pecar? ¿Hay alguna forma cristiana de protesta social? ¿Cómo puedes poner un obstáculo en el sendero del mal que le está ocurriendo a nuestro mundo? La respuesta para esta última pregunta es la reprensión bíblica. Todo cristiano tiene que comprender que el verdadero amor cristiano no es sentimental; es sabio y santo, y a la vez compasivo y solícito. Debemos airarnos, pero no pecar (Efesios 4:26). Tenemos que salir en defensa de la verdad, cualquiera que sea el costo de nuestra reputación. Tenemos que decirle al mundo en términos no inciertos cómo hiere a Dios el pecado. El costo del amor es la disposición a conocer la verdad con respecto a nosotros mismos y decir la verdad a los demás de una manera que honre a Dios. Si amamos a Dios, odiaremos lo que él odia. Dios odia el pecado. Los cristianos han aprendido a sentarse tranquilamente, y permitir que el mundo se apresure hacia el infierno, sin decirle ni una palabra. Y esto no debiera ocurrir, si queremos ser reales amigos de Jesús.

4. *Mediante la reforma social.* Oímos gritos estridentes procedentes del mundo secular, con respecto a la inutilidad de la iglesia. Muchos la han dejado fuera de su pensamiento por completo, por no considerarla una contribución útil al cambio social. Pero el registro de la historia nos habla de una manera diferente. Casi todo principal cambio hacia lo mejor en la sociedad, ha venido como consecuencia de un retorno a los mandamientos de la Biblia con respecto al hombre y su

mundo. William Wilburforce luchó para conseguir que se proscribiera legalmente el trabajo infantil, y lo consiguió. Kier Hardy comenzó el movimiento laboral. William Booth convirtió al primitivo Ejército de Salvación en una poderosa fuerza social. Carlos Finney predicó poderosamente a favor de la igualdad humana entre los negros y los blancos, cuando era aceptada la esclavitud. La obra de Juan Wesley creó un despertamiento espiritual que salvó a Inglaterra de una revolución sangrienta como la que casi destruyó a Francia. Necesitamos más cristianos como estos.

5. *Mediante la oración y el ayuno.* Hay dos condiciones esenciales que tienen que cumplirse para iniciar un despertamiento espiritual. La primera es la unidad. El común entendimiento de lo que Dios dice a esta generación tiene que ser la base de la verdadera unidad. Tenemos que ponernos de acuerdo en cuanto a cuál es el mensaje de Jesús, y esto sólo ocurrirá con la verdad. Todos tenemos que estar trabajando realmente para la misma Persona. Nuestros motivos tienen que ser correctos, y no usar simplemente a Dios y al evangelio para promover nuestro propio nombre, nuestra propia gloria y nuestros propios fines.

A estas dos facetas de la unidad podemos llamarlas *reforma* (un regreso al verdadero mensaje de la Biblia) y *avivamiento* (un regreso a los verdaderos motivos de los discípulos de Jesús). Aunque estas dos cosas pueden cumplirse, sin oración, no habrá despertamiento. La oración y el ayuno constituyen medios por los cuales podemos probarle a Dios que realmente le tomamos en serio, que realmente nos preocupa lo que le está sucediendo al mundo y al corazón de él. Las naciones ya han estado bajo su ira, y un regreso de su pueblo a estos principios bíblicos ha impedido un desastre nacional. Su promesa no ha cambiado: "Si se humillare mi pueblo, sobre el cual mi nombre es invocado, y oraren, y buscaren mi rostro, y se convirtieren de sus malos caminos; entonces yo oiré desde los cielos, y perdonaré sus pecados, y sanaré su tierra" (2 Crónicas 7:14).

Con hábiles trazos de su maravillosa pluma, el doctor Richard S. Taylor penetra a través de la superficialidad de nuestra cultura y pone al descubierto la abrumadora necesidad de una vida disciplinada.

El toca todos los aspectos que obstaculizan a los santos. Las reacciones violentas, los estados de ánimo, las emociones erráticas, la puntualidad: todo esto recibe la debida atención.

Si usted está cansado del desaliño y del bajo nivel de productividad de su vida personal, ¡empiece a trabajar en esto denodadamente! ¡Este libro es para usted!

COMO LLEGAR A SER UNA PERSONA REALMENTE DISCIPLINADA

EDITORIAL BETANIA

Las recetas para los problemas específicos vienen a nosotros a través de una
lectura cuidadosa, hecha con meditación y en un espíritu de oración sobre los
siguientes pasajes: Salmo 23, Los Diez Mandamientos, El Padrenuestro y Las
Bienaventuranzas. Es un libro de lectura ampliamente compensadora, que
ayudará al lector a comprender mejor sus experiencias cristianas y vivir una vida
más saludable y feliz.

FORMULAS SEGURAS
PARA CONSEGUIR Y
MANTENER LA SALUD
MENTAL Y ESPIRITUAL

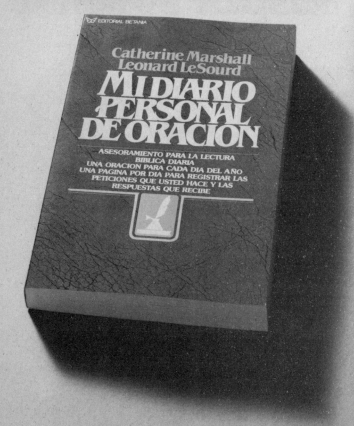

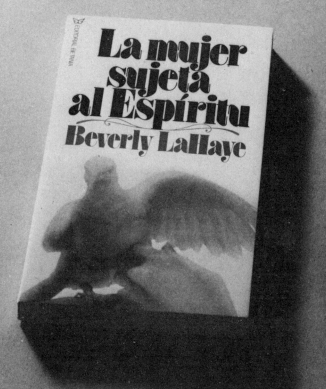

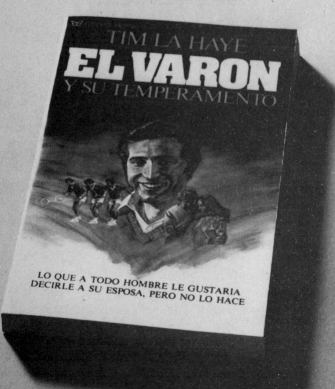

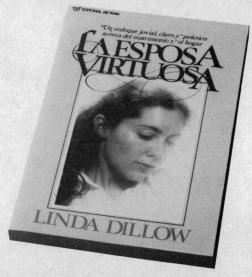

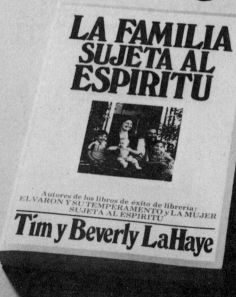

✍️EDITORIAL BETANIA

Howard Hendricks cree que una buena familia necesita, como un jardín, mucho cuidado y amor.

Este libro es un buen ejemplo del tema que se quiere enseñar. Se escribió con regocijo y se leerá con placer; su propósito llegará a ser una realidad en muchas vidas en los años venideros.

A usted le gustará el estilo refrescante y divertido de Howard Hendricks, cuando le enseñe cómo vivir una vida feliz y fructífera en su hogar.

LAS FAMILIAS CONVIVEN MEJOR CON AMOR

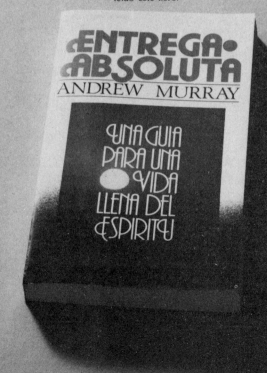

Un manual práctico que trata de los pasajes importantes de las Escrituras sobre el ayuno. También habla de las normas prácticas envueltas en dicho tema.

El ayuno es importante. Quizás más de lo que la mayoría de nosotros creíamos. Cuando se le ejercita con un corazón puro y animado por motivos sanos, el ayuno puede proporcionarnos una llave para abrir puertas en aquellos lugares donde otras llaves han fracasado.

UNA GUIA PRACTICA Y ESPIRITUAL PARA EL AYUNO

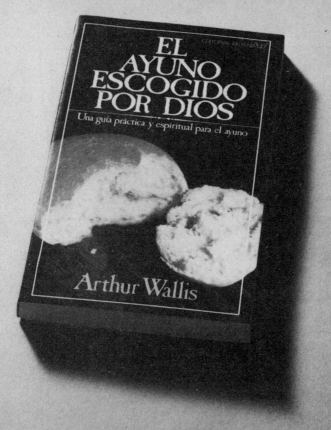

EDITORIAL BETANIA

Este libro ofrece al lector algunas instrucciones interesantes para el estudio de
la Biblia, seguido de diagramas, que transformarán el estudio regular de la
Palabra en algo mucho más fascinante.

El autor presenta un programa de estudios de tres años, que al terminarlo, el
estudiante habrá adquirido un conocimiento práctico de la Biblia. Este sistema
prepara al lector para una vida íntegra de servicio al Señor.

La lectura y aplicación de este libro puede producir en su vida espiritual la
madurez deseada, en un período de tiempo relativamente corto.

INSTRUCCIONES PRACTICAS
PARA EL ESTUDIO FASCINANTE
DE LA PALABRA DE DIOS

Iván (Vanya) Vasilievich Moiseyev fue reclutado para el ejército rojo en 1970. Expresar la fe personal en Jesucristo era algo estrictamente prohibido, pero Vanya no pudo mantenerse en silencio. Disgustados por el testimonio de éste, los oficiales del ejército rojo lo sometieron a una serie de interrogatorios y torturas con el objeto de silenciarlo. Finalmente, sólo la muerte pudo cerrar su boca.

Vanya todavía habla. Cualquiera que esté interesado en la difícil situación en Rusia podrá oírlo.

VANYA TODAVIA HABLA

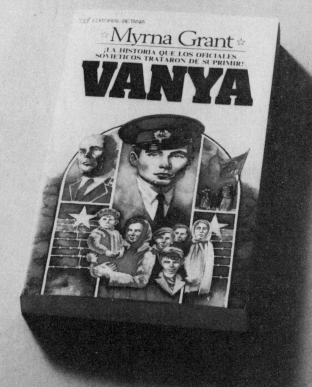